湖南省十四五规划课题“新发展阶段高校党组织意识形态引领力的影响因素及提升策略研究“(编号为XJK21QGD008）

人工智能融入高校思政课教学研究

◎刘文成　著

湘潭大学出版社
XIANGTAN UNIVERSITY PRESS

前　言

德国社会学家马克斯·韦伯认为，通过对外界事物的情况和其他人的举止的期待，并利用这种期待作为“条件”或者“手段”，以期实现自己合乎理性所争取和考虑的作为成果的目的。他从工具理性的视角出发，指明了“条件”“手段”在实现价值理性目标的重要性。马克思在《1844年经济学哲学手稿》中也指出：“一个种的整体特性、种的类特性就在于生命活动的性质，而自由的、有意识的活动恰恰就是人的类特性。”这说明，人们在认识世界和改造世界的过程中，遵循着从“物理意义”到“价值意义”的逻辑顺序。从这个意义上讲，教育人工智能与精准思政融合发展也是遵循这一演进脉络。传统的思想政治教育可以在一定程度上做到掌握教育对象思想政治状况，但面对庞杂信息，仍存在着调查质量不高、数据分析精准度不强等问题，难以整体有效地反映被教育者的思想政治状况。而教育人工智能的出现则提升了分析庞杂信息的可能性，通过数据的收集、分析、处理、存储，将纷繁复杂的数据变成相互关联、极具价值的信息，使高校思政课教师能够快速、完整、准确地勾勒出大学生的思想状况和行为习惯，有效缩短了思想政治教育主客体之间的信息鸿沟，实现教育内容的精准化推送和反馈。

作为最新科技的新一代人工智能，日益影响人类社会生活的各个方面，也将深刻影响到高校思政课的实际效果。因此，思政课教师高度重视人工智能技术与高校思政课的融合研究，党和国家领导人也高度重视人工智能技术在高校思政课中的实践运用。

作为新一轮技术革命的前沿领域，教育人工智能驱动引领教育领域向智能化方向前行，正催发高校思政课发生深层次变革。推动教育人工智能与高校精准思政融合发展，已成为高校思政课创新发展的必然趋势。

目　录

第一章 绪论

第一节 人工智能的发展历程与主要特征

一、人工智能的“前世今生”

人工智能从何而来？又往何处去？依据人在发明和使用人工智能技术时存在的三类规范性表现，将人工智能分为“初级人工智能”“中级人工智能”以及“高级人工智能”三类。概念的历史流变也同样伴随着人类创造和开发人工智能，继而拓宽对该领域认知范围的动态演进过程。人工智能发展大致经历了三个历史时期，分别为人工智能萌发期、人工智能快速发展期、人工智能深入演进期。

(一)第一阶段:人工智能萌发期

从古希腊铁匠之神赫菲斯托斯拥有赋予金属物品生命的能力开始，人类对于技术与文明的发现和探索之路就开启了。1950年，人工智能之父艾伦·麦席森·图灵发表了人工智能领域的第一部划时代之作——《计算机器与智能》。在这本书中，他首先向读者提出“机器能够思考吗?”这一存在性问题，他从“机器”和“思考”的源概念出发，阐明了“图灵测试”是机器智能的重要测量手段，向我们证明了“机器能够成为它自己思维的主体”。图灵甚至提出了一项大胆的预测:到2000年,人类可以用10GB的计算机设备,制造出可以在5分钟的问答中骗过30%成年人的人工智能。图灵的大胆预测和判断瞬间在学界引起广泛关注,这也成为后来"人工智能"领域诞生的直接推动力。1956年7月,美国计算机科学家、认知科学家约翰·麦卡锡在达特茅斯会议上提出了"人工智能"的概念,并确定了人工智能工程"精确地描述人的学习能力和智慧,并利用机器将这种能力与智慧加以模拟"的发展方向。短短三年后,麻省理工学院工程师亚瑟·塞缪尔提出了"机器学习"的概念,并将机器学习描述为"使计算机在没有明确编程的情况下进行学习"。当然,机器学习和人工智能相似,但并不能等同。人工智能是指机器执行智能任务的能力,而机器学习是指机器清除数据中有意义模式的自动化过程。没有机器学习,人工智能无法实现。1965年,世界上第一个专家系统DENDRAL问世,实现了人工智能从理论研究走向实际应用、从一般思维规律探索走向专门知识应用的重大突破,将人工智能的研究推向了高潮。然而,随着计算任务的复杂性不断加大,人类对于人工智能的"创造性期待"远远超出了现有科技水平的限制,一系列不切实际的研发目标让人工智能发展一度遇到瓶颈。质言之,萌发阶段的人工智能虽已"初具雏形",但在应用性发展过程中仍然无法避免核心技术短板所带来的"期待偏差"。

(二)第二阶段:人工智能快速发展期

随着科学技术的飞速发展和计算机应用的日益普及,专家系统本身存在的信息获取难、知识领域窄、推理能力弱、实用性差等问题也得到了克服和解决,并逐渐成为人工智能应用研究最活跃和最广泛的应用领域之一。比如,1980年,卡耐基·梅隆大学为DEC公司设计的XCON专家系统取得了巨大成功,每年可为公司节约4000万美元。随着美国和日本等国家立项支持人工智能研究,人工智能迎来了第二个发展高峰。在这一时期出现了具有更强可视化效果的决策树模型和突破早期感知机局限的多层人工神经网络,如著名的多层神经网络模型、BP神经网络模型等都是在这一时期提出的。然而,技术发展的局限性又再次为人工智能的深入发展造成了"伦理障碍”。1987年，由于LISP机市场崩塌，美国取消了人工智能预算，日本第五代计算机项目失败并退出市场，专家系统进展缓慢，人工智能又再次进入了萧瑟期。

（三）第三阶段：人工智能深入演进期

进入21世纪以来，新的科学发现、新的技术突破以及重大集成创新的不断涌现促使人工智能在很多应用领域取得了突破性进展，迎来了又一个繁荣时期。1997年，IBM深蓝（Deep Blue）以3.5∶2.5战胜了俄罗斯天才棋手加里·卡斯帕罗夫，标志着人工智能在信息处理与管理应用领域首次战胜人类。而后，各国陆续推出的虚拟主持人形象，如英国的虚拟主持人阿娜诺娃、日本的寺井有纪、中国的阿拉娜、美国的薇薇安以及韩国的露西雅，也尝试为人们现有的生活方式作出新的诠释。2012年，在没有人类指导的情况下，谷歌大脑通过模仿人类大脑，利用非监督深度学习方法从大量视频中成功学习到识别出一只猫的能力；2014年，微软公司推出了一款实时口译系统，可以模仿说话者的声音并保留其口音；2014年，亚马逊发布了一款集合智能语音交互技术的智能音箱产品Echo和个人助手Alexa；2016年，谷歌“阿尔法狗”（AlphaGo）机器人在围棋比赛中以4∶1战胜世界冠军李世石；2017年，苹果公司在原来个人助理Siri的基础上推出了智能私人助理Siri和智能音箱HomePod。

人工智能技术的应用发展也逐渐受到世界各国政府的广泛关注。2016年5月，美国政府发表了《为人工智能的未来做好准备》，报告详细说明了人工智能可能带来的政策机遇，也同样提出了人工智能应用安全的23条建议；2016年12月，英国政府发布了《人工智能：未来决策制定的机遇和影响》，报告中不仅定义了何为人工智能，也着重论述了人工智能的使用对伦理和法律带来的显著挑战，为人工智能的技术伦理规范提供了政策指导；2017年4月，法国政府制定了《国家人工智能战略》，内容主要包括建设人工智能跨学科研究所网络、设立人工智能卓越席位推进合作研究与人才培养、投资服务于人工智能研究的计算设施、加强针对企业的人工智能创新补贴等，旨在维护法国科学与技术潜力，推动其成为全球人工智能领先者；2017年5月，德国颁布了全球首个自动驾驶相关法律——《道路交通法第八修订案》，为自动驾驶技术和交通行业规范发展提供法律依据；2017年6月29日，首届世界智能大会在天津召开，中国工程院院士潘云鹤在大会主论坛做了题为《中国新一代人工智能》的主题演讲，报告中概括了世界各国在人工智能研究方面的战略；2019年6月17日，中国政府发布《新一代人工智能治理原则——发展负责任的人工智能》，明确提出和谐友好、公平公正、包容共享、尊重隐私、安全可控、共担责任、开放协作、敏捷治理八项原则。据中国产业研究院发布的《2022—2026年中国人工智能行业全景调研与发展战略研究咨询报告》，中国人工智能行业发展趋势主要体现在以下三个方面：一是国家战略引领促进行业发展；二是“新技术”“新基建”推动行业进一步发展；三是下游领域规模优势为行业提供广阔空间。数据显示，中国人工智能市场规模由2016年的154亿元增长至2020年的1280亿元，年均复合增长率为69.9%。

与过去两次人工智能所经历的高潮不同，这次我们看到人工智能技术在得到广泛应用的同时，也面临着技术增长过程中的要素约束与机制创新。有学者提出，新一代人工智能技术在近几年取得快速发展和应用主要受益于以下四个要素：一是人机物互联使数据量呈现爆炸性增长，形成了真正的大数据环境；二是云计算、边缘计算和专有芯片技术加速演进实现计算能力大幅提升；三是深度学习领域的技术突破带动算法模型的持续优化；四是资本与技术深度耦合助推行业应用和技术产业化快速兴起。不难预测，随着新科技革命的发展和信息技术的广泛应用，未来人工智能的存在样态、技术模式、使用范围、规则布局、伦理规范等都将迎来新的变革机遇期。

二、人工智能的五维特性

习近平总书记在中共中央政治局第九次集体学习时强调，人工智能是引领新一轮科技革命和产业变革的战略性技术，具有溢出带动性很强的“头雁”效应。在移动互联网、大数据、超级计算、传感网、脑科学等新理论、新技术的驱动下，人工智能加速发展，呈现出深度学习、跨界融合、人机协同、群智开放、自主操控等新特征。

（一）深度学习

深度学习是人工智能的首要技术特征。没有深度学习，人工智能则无法在语音识别、图像识别、文本识别等方面取得突破。2016年，谷歌"阿尔法狗"以4:1战胜世界围棋冠军李世石。从业余棋手的水平到世界第一，"阿尔法狗"仅花了两年时间。这场胜利与人工智能深度学习的运用休戚相关。深度学习作为一类模式分析方法，离不开计算能力和机器学习的技术支撑。自20世纪80年代末以来，随着计算能力的大幅提升，机器学习的相关技术得到了蓬勃发展。按照学习模型的层次结构来对机器学习的发展阶段进行划分，可以大致将其分为浅层学习和深度学习两个阶段。起初，由于计算机的计算能力有限和相关技术的限制，可用于分析的数据量太小，深度学习在模式分析中并没有表现出优异的识别性能，大多投入应用领域的仍旧是浅层学习状态。2006年，加拿大多伦多大学计算机系的杰弗里·辛顿等提出快速计算受限玻尔兹曼机（RBM）网络权值及偏差的CD-K算法以后，RBM就成了增加神经网络深度的有力工具，导致后面使用广泛的DBN（由Hinton等开发并已被微软等公司用于语音识别中）等深度网络的出现。2012年10月，微软首席研究官拉希德在天津召开的"21世纪的计算大会"上公开演示了全自动同声传译系统，成为最早将深度学习引入语音识别领域的企业。如今，深度学习已由过去的"个别化"走向"规模化"发展，并已广泛运用于计算机视觉、语音识别、自然语言处理以及其他商业领域。然而，技术应用广泛无法与技术完备安全等而视之，深度学习的"智能缺陷"也在实践领域愈发凸显。张钹指出，深度学习触及人工智能领域天花板，人工智能在语音识别、图像识别、围棋三个领域外，很难再获得发展。我们现在的人工智能基本方法有缺陷，而我们必须走向具有理解能力的人工智能，这才是真正的人工智能。因而，为了克服深度学习的"缺陷"，需要以生发人工智能"理解能力"为突破口，特别是把第一代知识驱动的人工智能和第二代数据驱动人工智能结合起来，以二者结合的优势共促第三代人工智能创新发展之路。

（二）跨界融合

跨界融合是人工智能赋能时代的重要技术表征。近年来，新一轮科技革命和产业变革方兴未艾，人工智能等新技术正促使全球经济、政治、文化、社会、生态发生更加全面、广泛而深刻的变革。所谓“跨界”，是指从某一属性的事物，进入另一属性的运作。人工智能时代的“跨界”意为从人工智能技术自身出发，通过其自身资源特性与社会内部的其他资源进行选择性应用，达到扩大资源利用效能、促进发展方式现代化转型之效。当然，“跨界”不等同于“融合”，“融合”的目标要求更高，往往需要根据某一应用领域的实际，自然而然地渗透另一资源的价值元素。以人工智能的跨界融合为例，其他资源若要与人工智能实现深度融合，绝不是在行业领域“贴标签”“添加号”，简单增加人工智能的技术内容，而是要从宏观设计、主体结构、客体选择、模式建构、机制运行、效果评价等方面以一个完整的独立个体形式实现二者的真正融合，增加相互资源的价值。2017年7月，国务院印发的《新一代人工智能发展规划》提出六个方面的重点任务：构建开放协同的人工智能科技创新体系；培育高端高效的智能经济；建设安全便捷的智能社会；加强人工智能领域军民融合；构建泛在安全高效的智能化基础设施体系；前瞻布局重大科技项目等。其中，“开发协同”被视为推动我国新一代人工智能健康发展的首要价值原则，这也为未来探索人工智能领域的技术运用，实现从技术融合到产业融合的跨越提供了根本指导方针。

（三）人机协同

“协同”亦称协和、同步，意指两个或者两个以上的不同主体通过协作或同步处理某一事物，以推动事物共同前进的过程或能力。所谓“人机协同”即突破原有的人与人之间协作的单向壁垒，建构科学技术领域人与机器在不同数据信息之间、不同平台设备之间、不同资源生态之间的“1+1 > 2”的高效协同过程。人机协同是初级人工智能时代的产物。人类创造人工智能的原初目的在于更好地为人类服务，创造出更大的价值。我们常说，人工智能具有“属人性”，这是人机协同功能实现的前提。从实然层面来说，这种特性并非人工智能所独有的，任何一项科学技术的诞生都必然是人类智慧与创造力的结晶。从应然层面来说，我们认为这一特性包含三个层面的内涵：一是人工智能的本质是“人工制造出的智能”，即“人工+智能”。“人工”与“智能”是两个既相互区别又密切联系、相互依存的个体，两者共同组成辩证统一的有机体。从两者的功能属性和作用发挥来看，没有了“人工”，就无法谈及“智能”，“人工”是“智能”的根本前提与价值基础。而“智能”是“人工”的填充与丰富，实现“人工”的智能化是两者天然耦合关系之目标走向。二是人工智能作用的发挥离不开人类的操作、控制及管理。人工智能的发展经历了漫长的历史过程，其中固然离不开社会环境的进化与影响，但从根本上来说，“人为因素”的辐射与控制在很大程度上规制了人工智能的演化进程。比如，中级人工智能是初级人工智能的进化，而高级人工智能则是在结合初级人工智能和中级人工智能的双轮驱动中实现的阶梯式优化结果。三是人工智能开发的目的是服务人，而不是“异化”人。马克思在《1844年经济学哲学手稿》中阐释了“异化”概念，只不过在当时的历史条件下，马克思的“异化”概念指的是资本主义生产条件下劳动的异化和劳动着的人的异化。随着时代进步与规律演变，新科技革命的方兴未艾让人从旧的“异化”中剥离出来，又再次走向了新的“技术异化”。“人工智能”是否能够拥有独立思维？“人工智能”能否代替人？“人工智能”的发展是否会危及人类生存？……一系列关于人工智能技术的伦理之问甚嚣尘上，不得不引起我们的深思。

（四）群智开放

2017年，国务院发布的《新一代人工智能发展规划》将“群体智能”及“群体智能的协同决策与控制”列为人工智能发展的两个重点方向；2019年，国家新一代人工智能治理专业委员会发布《新一代人工智能治理原则——发展负责任的人工智能》，将“开放协作”作为发展负责任的人工智能的重要原则。由此可见，随着新一轮人工智能技术的新突破，群智开放也成为未来发展人工智能的主要特征。群智开放是"群体智慧"与"开放协作"的兼合。"群体智慧"也称集体智能、集体智慧,是一种共享的或者群体的智能,以及集结众人的意见进而转化为决策的一种过程。群体智慧下的"开放协作"是指集合各个资源、数据、信息主体的思想观念、价值观点和认知取向,并依据某一项既定规则的系统分析和设计,将多元主体的"智慧要素"集合起来,以解决某一单个主体无法独立解决的复杂问题,最终实现群体智慧共享与发展的协作过程。德国哲学家尤尔根·哈贝马斯认为,社会概念必须与生活世界概念联系在一起,而生活世界概念又与交往行为概念形成互补关系。因此,交往行为主要是一种社会化原则。在交往行为理论视域下,人人都具有主体性,并且表现为人际关系共同体中的交互主体性,即一般意义上的交往行为是双边活动,交往的冲动促使他们通过语言、手势、符号传递信息、理念、态度和情感。当然,人际关系共同体中的交互主体性并不是把所有人的主体性都等量齐观,而是肯定主体各方因所处自然环境、社会环境、家庭环境、工作环境等因素影响所具备的"原初记忆"不同,其在某一段交往关系中必然存在不同的主体性含义。因此,群智开放的实现不仅离不开主体间交往行为的促动,而且需要精准对标和把握不同主体间的行为增长点,以保证能够最大限度上发挥主体交互的积极性、主动性、能动性。

(五)自主操控

自主操控是在没有人的干预下,把自主操控系统的感知能力、决策能力、协同能力和行动能力有机地结合起来,在非结构化环境下根据一定的控制策略自我决策并持续执行一系列控制功能完成预定目标的能力。从理论层面来看,学界关于自主操控的理论研究涉及面广、专业性强,从基础研究转移到应用技术开发方面的研究较多。比如,尹茂旸、陈哨东、张安等人基于空地轰炸的模式设计了无人作战飞机操控/自主攻击系统。该系统具有智能化的自主决策能力、对复杂环境的适应力、较高的可靠性,能合理地消除攻击过程中的瞄准偏差。邢琰、魏春岭、汤亮等人面向我国未来深空探测重大工程任务需求,对地外巡视探测无人系统的自主感知与操控技术发展现状及趋势进行了分析。李小娟、汪大宝、于俊慧等人针对传统的自主操控方案在应对高分辨率综合遥感卫星时操控效能不足的问题,提出了一种基于状态动作解耦模型的遥感卫星自主操控设计方法。相对于传统的自主操控方法,这种新型设计方法效率提高80%以上,地面测试复杂度降低75%,能够有效提升在轨操控效能。还有学者从物体操控机器人、软体手自主操控、空间机器人自主操控、自主航行船舶操控等方面对自主操控理论的可应用范围进行了鞭辟入里的剖析。从实践层面来看,自主操控技术已经广泛运用于人们的生产生活中,如无人机、无人驾驶、空间机器人、智能声控、智慧城管等,在转化人们生活和工作方式的同时,也有效提升了社会治理和公共服务水平。

质言之,人工智能既具有巨大的理论与技术创新空间,也具有广阔的应用前景。经过60多年的发展,人工智能在社会生产生活诸多领域都取得了重大进展,但从总体上来看,仍处于初级人工智能发展阶段。美国著名考古学家罗伯特·L.凯利在总结600万年以来人类历史的发展后,观察到每一次人类技术进步带来的都是人类社会组织形式的变革。他大胆预测,互联网等技术的进步将导致全球化的深入发展,人类即将迎来第五次组织形式的变革,人类将生活在一个共同体的未来。

第二节 “人工智能与高校思政课”研究的现状梳理

一、“人工智能与高校思政课”研究的时空分布

某一领域文献的发表量在年度上的增减变化可以在一定程度上反映研究者对该领域的关注度。以CNKI数据库平台收录的有关“人工智能与高校思政课”研究的期刊论文作为文献来源，检索方式采用高级检索，检索主题设定为“人工智能”并含“高校思政课”或含“智能思政”，检索时间范围设定为2000—2023年，限定期刊来源为所有期刊。为了保证文献的可靠性与一致性，逐一核对了检索出的文献，删除导读与专栏导语、学术会议信息、年度总目次、新闻报道、人物介绍及机构介绍等非研究性文献，最终得到有效文献信息911条。

（一）年度发文量总体趋势分析

21世纪以来，“人工智能与高校思政课”的研究呈现由“鲜有关注”到如今大规模聚焦研究的整体趋势，并逐步演化成稳定持久的中心研究领域。2000—2017年，“人工智能与高校思政课”研究发文量较少，且关注点大多集中在“学习素质”“教育方法”“高职教育”“教学改革”“网络”“自媒体”“大数据”等与高校思政课网络化相关的新概念、新思维、新模式、新机制。2017年为“人工智能与高校思政课”研究的拐点。2017年7月，国务院印发《新一代人工智能发展规划》，我国人工智能发展迎来新纪元。自此，学界围绕人工智能概念模型、人工智能规则演化、人工智能科技体系构建、人工智能科技伦理以及“人工智能+”等问题进行了深入研讨。“人工智能与高校思政课”融合创新之间也同样产生了研究领域的“群簇”效应，并在近年呈现“井喷式增长”。

（二）代表性研究机构

研究机构是研究者的发源地，也是科研知识诞生、转化和应用的聚集地，对研究机构进行分析有助于把握当前某一领域的主要发文阵地及发文机构之间的互动关系。对21世纪以来“人工智能与高校思政课”发文机构来源进行分类统计，运用科学知识图谱分析软件中的机构共现功能，绘制出该领域机构共现图。以江西财经大学马克思主义学院、北京邮电大学马克思主义学院、上海师范大学马克思主义学院、湖北师范大学马克思主义学院等为代表的机构是开展智能思政研究的中坚力量。需要引起重视的是，除了以上海师范大学为中心形成的小范围的机构合作群之外，其他机构均为级别单向联系，并未形成系统性的学术群簇现象。概言之，关于本专业机构之间的合作交流尚有较大的提升空间。

（三）核心作者

核心作者是指某一学科或专业领域中发文量较多且质量较高、理论观点受到学界普遍认可的杰出作者。为了进一步把握发文作者之间是否存在研究协作关系，利用CiteSpace软件生成作者共性合作知识图谱进行可视化透视。利用合作知识图谱中圆圈节点的大小来说明核心作者的发文贡献，即节点循环越大说明作者研究成果越显著；同时，每位作者之间的连线代表作者之间发文存在一定的合作关系，有作者节点266个，连线64条，网络密度0.0018。根据普赖斯定律，对于核心作者候选人的计算方式，我们得出在本研究领域发文量大于等于1.498的作者为高产作者，即核心作者候选人。由分析可知，在266名作者中，有40名作者为高产作者。其中，王芳、郭建勤、许书君，以及陈沧杰、王鹏、何帆、杨攀构成了两个闭合型作者群。同时，汪凤莲、吴冬梅、王宏、杨妙春、缪文海等人率先对该领域展开了研究，而丁凯、丁文锋、万力勇、万小朋、万永菁是近年来本专业研究的新秀。总体来看，从事“人工智能与高校思政课”研究的作者较多，但个体间存在的合作关系链条松散，表明在该研究领域的学术合作十分欠缺，该领域还处于较为离散的学术分割状态。

二、"人工智能与高校思政课"研究的前沿趋势分析

研究前沿是指对某一时刻的研究热点领域，其科研产出相对活跃指数明显高于一般水平的科研范畴。利用 CiteSpace 对关键词进行聚类，制作 Time-Zone 视图绘制"人工智能与高校思政课"研究发展的趋势走向，有利于我们科学把握研究热点前沿、预判研究趋势。

(一)关键词聚类分析

CiteSpace 关键词图谱共生成 16 项，Silhouette=0.9595 > 0.3，聚类显著，Modularity Q=0.8654 > 0.7，聚类信度较高。"人工智能与高校思政课"研究主要围绕16个主题开展，分别为"学习""教学改革""高校思政课""劳动教育""思政教育""大学生""大数据""挑战""专业课程""人工智能""课程思政""信息技术""多元智能""智慧教育""智能制造""思政教学"。

1. 学习。包含的关键词有"高校""教育方法""学习力""精准教学"等。比如，王秀花在《创新性学习在大学生高校思政课中的应用》中指出："学校高校思政课必须重视网络世界这一兼容并包的特性，尤其要在内容和方法上进行充实、引导、监控，利用健康有益的内容和灵活的方式来引导学生。""创新性学习"实际上是运用新技术手段更新转化高校思政课的内容和方法，使其教育模式更加灵活生动。

2. 教学改革。包含的关键词有"实践教学""改革创新""体系构建""多元化"等。比如，颜佳华、李春昊在《人工智能驱动的高校思政课模式创新论纲》中指出："人工智能推动高校思政课的个性化、差异化和精准化，实现对大学生高校思政课状况的精准把握，形成平等式、对话式和参与式的新型师生关系。"[①]在具体实践上需要遵循从教学工具、对象、过程到信息管理和成果评价层层递进的内在逻辑，依据思想性和科学性、学科性与整体性、针对

①颜佳华，李睿昊．人工智能驱动的高校思政课模式创新论纲[J]．湘潭大学学报(哲学社会科学版)，2022，46(3)：118-124.

性与实效性、能动性与规律性相统一的基本原则，构建“人工智能+高校思政课”的新模式。

3.高校思政课。包含的关键词有“教学伦理”“网络阵地”“互联网”“一体化”“智能思政”“人本化”等。比如，操菊华的《人工智能赋能高校思政课精准化的理论逻辑与实践图景》，刘佳的《人工智能技术条件下高校思政课情景教学模式创新研究》，李忠华、蔡丽华的《智能化与人本化融合：人工智能+高校思政课的发展趋向》等，均是利用智能化赋予的新技术、新平台、新手段，为破解高校思政课提质增效问题提供新的图景。

4.劳动教育。包含的关键词有“精准思政”“人文素质”“劳动素养”“发展路径”等。比如，周美云在《智能时代的劳动教育：何以必要与如何可能》中对劳动教育在智能时代的发展背景、现实意义、实现路径进行了详细分析，并提出“智能时代的劳动教育亟须从理念、内容和方法上进行转型重构。要理念先行，明晰智能时代劳动教育的立场；要以内容为王，构建发展的劳动课程教材体系，要促进方法转型，善于运用技术优化劳动教学模式”。

5.思政教育。包含的关键词有“创业精神”“以生为本”“行为导向”“案例教学”“思政元素”等。比如，黄焕汉在《人工智能促进思政教育现代化的价值定位、创新理念与未来展望》中，将人工智能作为促进思政教育现代化的重要理论生长点。人工智能对学校思想与道德发展的影响并不是只成为一个简单的科技工具，其国际运用情况和教育未来发展趋势中都蕴含了特定的政治思想色彩。

6.大学生。包含的关键词有“自我管理”“智能手机”“价值观”“人生观”“课程建设”等。当代大学生思想开放、思维活跃、视野开阔，是青年群体中最富活力、最具创造性的生力军。以大学生群体为研究对象，改变以往“粗放式”的选题和研究视角，将目光转向高校大学生群体的“集约型”研究范式，能够更大程度地增强发现问题的敏锐性、调查问题的穿透性以及分析问题的科学性。比如，袁春艳、刘珍珍的《人工智能时代大学生思想政治教育的变革与因应研究》，马云霞的《“互联网+学习”对大学生思想政治教育的挑战及优化》，胡华的《人工智能嵌入大学生思想政治教育的SWOT分析及应对策略》，等等。

7. 大数据。包含的关键词有“技术优化”“大数据”“智慧课堂”“翻转课堂”“智能算法”等。人工智能的进步是建立在学习海量的数据基础之上的。在人工智能与思想政治教育的研究视域中，有不少学者将大数据运用作为与思想政治教育交叉融合的关键要点。比如，张琼、高盛楠、李玉纯在《大数据技术赋能高校精准思政的重要价值与实践进路》中充分肯定了将大数据技术赋能高校精准思政具有培养“强国一代”大学生、满足学生自由全面发展、推动思想政治教育理论与实践创新的重要价值。面临着认知困境、数据信息困境、技术运用困境等实践困境，需要精准到人、事、时、势，构建覆盖全员、全过程、全方位的大数据采集系统，全时在线、实时更新、即时研判的机制以及前瞻型、主动型、智能型应用平台，从而实现点面结合、立体突破。

8. 挑战。包含的关键词有“变革”“专业课”“人才培养”“新工科”“课程设计”等。人工智能赋能高校思政课，究竟是机遇居多，还是挑战居多？有学者指出，在人工智能时代，人们收集信息的范围已拓宽至虚拟世界，意味着现实边界的诸多现象在现代科技推动下拥有了新的“坐标”。这一方面加速了信息交往的开放性和流动性；另一方面将现实世界的人们和信息世界的网民共同束缚在虚拟世界，给包括高校思政课在内的实践活动带来了新挑战。关于人工智能融入高校思政课的风险与挑战问题也是学界密切关注的热点。

9. 专业课程。包含的关键词有“职业素养”“高职教育”“教学模式”“三全育人”“叙事模式”等。比如，曹如军、亓梦雪在《论人工智能与思想政治教育课程的开发》中深入剖析了人工智能与思想政治教育课程的开发和建设，强调“应基于目标导向，在顶层设计上强化课程的规划与组织，在具体操作中注重课程开发主体的多元化和课程资源的有机统整，并努力追求课程个性化”。

10. 人工智能。包含的关键词有“伦理”“优化路径”“算法”“精准化”等。

任志锋、姜泓滢在《智能时代思想政治教育科学化:内涵、问题与路径》中指出:“面对人工智能的快速发展和广泛应用,思想政治教育应着眼新一轮科技革命和产业变革,把握科学化的‘时代问题’;根据当代中国发展的阶段性特征,把握科学化的‘中国问题’;顺应思想政治教育现代化转型,把握科学化的‘教育问题’。”把握科学化的“时代问题”,需要思考人工智能融入思想政治教育“何以可能”;把握科学化的“中国问题”要将“人工智能”所具有的共性寓于“社会主义思想政治教育”特殊性之中,将社会主义思想政治教育的“特殊性”升华为具有全球化人工智能的现代性;把握科学化的“教育问题”,要求我们充分发挥人工智能的技术优势,将人工智能特质与思想政治教育元素融合,推动人工智能正向赋能思想政治教育。

11. 课程思政。包含的关键词有“三重维度”“产教融合”“课程融合”“智能控制”等。课程思政是指以构建全员、全程、全课程育人格局的形式将各类课程与思想政治理论课同向同行,形成协同效应,把“立德树人”作为教育的根本任务的一种综合教育理念。比如,谢幼如、邱艺、黄瑜玲等在《智能时代高校课程思政的设计理论与方法》中以课程与教学论为指导,突出智能技术赋能教学创新,形成智能时代课程思政的设计理论和设计方法。还有学者从逆向思维方法论视角,深入探讨了在大数据与智能时代,如何引导学生构建数据科学思维体系,以转化数据科学思维体系的“心”“脑”“体”为着力点,解决专业课教学向理想信念教育、学术能力培养、社会责任培育等多向度延伸的问题。

12. 信息技术。包含的关键词有“云教学”“信息技术”“价值理性”“智能思政”等。信息技术作为囊括大数据、人工智能、区块链、云计算等于一体的系统工程,对人的思维活动、交往方式、价值取向、道德观念、行为选择等起到了越来越重要的作用。比如,温晓年、谭秋浩在《信息技术嵌入思想政治教育的价值限度》中分析了信息技术大规模嵌入思想政治教育可能导致的后果,即人新的异化和思想政治教育主体性被遮蔽。为此,应以工具理性与价值理性的融合统一为信息技术与思想政治教育深度融合的路径指向,通过突出思想理论教育与价值引领功能、发挥信息技术优势、建立和完善思想政治教育工作机制等实践策略，推动新时代思想政治教育工作的高质量发展。

13. 多元智能。包含的关键词有“自媒体”“学生评价”“公众平台”“网络思政”“易班”等。多元智能理论是由美国教育学家和心理学家加德纳提出的一种全新的人类智能结构的理论。该理论对智能进行了“分解”，强调智能是多元的，每个人身上至少存在七项智能，从而为人类思维和认识的多元可能性提供了学理基础。比如，蒋冬梅、张昕在《论多元智能学生评价在思想政治教育课程中的运用》中充分肯定了多元智能评价体系的科学性，强调其“体现了尊重学生的多样性和促进学生全面发展的理念，有效弥补了传统评价方式的不足”。

14. 智慧教育。包含的关键词有“路径探索”“智能时代”“教学方法”等。智慧教育作为一种教育理念，在新时代背景下促进教育思想和教育理念变革、推动教学方式和人才培养模式创新、培养大批高素质创新人才方面发挥了关键作用。有学者将智慧教育理念运用于课堂教学，强调“智慧课堂以智慧教育理念为指导，主要针对教学目标、学习模式、学习环境三个方面进行了升级改造，实现了教学模式的二次逆序创新”。

15. 智能制造。包含的关键词有“智能终端”“信息化”“人机交互”“课程体系”“专业技能”等。智能制造作为一个系统工程，强调数字化设计与制造、智能装备、智能机器人、物联网（工业以太网）、人工智能、大数据、云计算等关键技术的集成。有学者结合课程思政的功能与特点，对智能制造专业开展课程思政教育的探索与实践进行了深入讨论。比如，王荣扬、何彦虎认为，通过在课堂教学中渗透科学辩证唯物主义观点、国家产业政策体系和家国情怀，在第二课堂教育中加强团队协作和创新创业实践意识教育，有利于强化专业课程课堂教学过程中的思政教育和价值引领。

16. 思政教学。包含的关键词有“改革”“多媒体化”“策略”“思政建设”等。比如，张耀天、周青山在《冲击与融合：大学思政教学“智能课堂”环境下教师能力重建之思》中从教师主体重建、价值重建和能力重建方面，对大学思政教师的职业能力展开讨论。王晓波在《器道法术：思政教学与信息技术深度融合的实践探索》中运用中华哲学思想探讨思政教学的信息化之“器”，以此推进课堂教学与信息技术的深度融合。

(二)关键词趋势导向分析

为了能够更加清晰直观地呈现不同时间段的关键词的演进与发展趋势，对关键词进行TimeZone可视化，分析“人工智能与高校思政课”2000—2023年的研究特征以及各阶段的研究主流，从而探索出该领域的动态演进。“人工智能与高校思政课”整体TimeZone图，在时间维度上展现关键词的演进，可以清晰直观地展示研究趋势。某一时间段内的文献较多，说明当时的研究学者重点研究该领域，时间段间的节点连线表明传承关系，两个时间段之间联系的紧密程度以连线的多少呈现。2000—2017年的节点最少，仅为“学习”“高校”“实践”“教育方法”“学习素质”等，且连线较少，这与上文年发表量分析保持一致，此时是“人工智能与高校思政课”研究的起步探索期。2017—2023年对“人工智能与高校思政课”的研究更加深入，关键词密集分布，主题广泛，此时为研究的爆发期。而后，我们预测，关于该领域的研究将更密集地侧重于“人工智能”“精准思政”“高校思政课”“融合创新”“内在机理”“深层逻辑”“风险防范”“场域运用”等具有较强针对性、精准性和有效性的理论和实践命题。

第三节 人工智能融入高校思政课的理论基础

任何一项科学理论的研究，都需要追溯稳固的理论渊源作为其学理基础人工智能与高校思政课研究也同样如此，作为认识科学技术本质、特点、体系结构、发展规律及其在社会演进中与高校思政课互动时所产生的总观点、总看法，对于这一领域的理论基础我们同样需要从马克思主义经典作家和中国共产党人的理论思辨中去寻找。

一、马克思、恩格斯的科技观思想及其相关论述

马克思、恩格斯并没有直接提出人工智能与高校思政课研究的有关论述。但马克思、恩格斯所生活的19世纪既是资本主义生产力突飞猛进发展的时代，也是近代科学技术的黄金发展期，自蒸汽机发明并广泛应用于生产从而开启了现代工业以来，技术的发展和应用带来了数次被称作"产业革命"的生产大发展。马克思、恩格斯根据他们所处的历史时代的特点，从资产阶级与无产阶级的现实矛盾出发，运用辩证唯物主义和历史唯物主义的世界观与方法论对人类科学技术实践活动进行了高度抽象概括，形成了既有理论高度，又有实践广度，更有思维深度的马克思主义科技观思想。

（一）社会生产生活需要是科学技术产生的基础

科学技术从何而来？对于科学技术来源这一命题，马克思在考察从手工业到工场手工业、从工场手工业到机器大工业的技术史之后认为，计算尼罗河水的涨落期的需要，产生了埃及的天文学，同时这又使祭司等级作为农业领导者进行统治。自然科学本身（自然科学是一切知识的基础）的发展，也像与生产过程有关的一切知识的发展一样。……随着资本主义生产的扩展，科学因素第一次被有意识地和广泛地加以发展、应用，并体现在生活中，其规模是以往的时代根本想象不到的。马克思清晰地表明了科学本身发展的动力来自社会生产发展的进步。生产工具的革新和重大生产技术的诞生是社会化大生产的理论逻辑与实践逻辑之互动交织所催生的必然结果。恩格斯通过研究自然科学各个部门的顺序的发展，指出"科学的发生和发展一开始就是由生产决定的"。并且，科学状况在很大程度上依赖于技术的状况和需要，正如"社会一旦有技术上的需要，则这种需要就会比十所大学更能把科学推向前进"。从更为宏大的生产力演化视角来看，一个工业部门生产方

式的变革，必定引起其他部门生产方式的变革。同样地，由此带来的技术变革也必然从“一个”向“多个”相互联系的中心分散化转变。这一切尤其使社会生产过程的一般条件，即生产关系革命成为必要。

（二）科学技术是推动社会生产力发展的根本动力

将科学技术纳入生产力的范畴，是马克思、恩格斯科技观对历史唯物主义理论作出的重大贡献。马克思在《1857—1858年经济学手稿》中指出：“自然界没有造出任何机器，没有造出机车、铁路、电报、自动走锭精纺机，等等。它们是人的产业劳动的产物，是转化为人的意志驾驭自然界的器官或者说在自然界实现人的意志的器官的自然物质。……社会生产力已经在多么大的程度上，不仅以知识的形式，而且作为社会实践的直接器官，作为实际生活过程的直接器官被生产出来。”由此可见，在社会生产力中，不仅包括以劳动者、劳动对象、劳动资料这些物质形态存在的因素，而且也包含以知识形态存在的科学技术因素。科学技术的初始形态是以“知识的形式”呈现的，而后又不仅仅局限于“知识”，随着社会生产与科学技术之间的关系变得愈加融洽，科学技术与生产要素的结合变得愈加广泛、科学技术与人类社会生活变得愈加紧密，马克思也不得不承认，生产力的这种发展，归根到底总是来源于发挥着作用的劳动的社会性质，来源于社会内部的分工，来源于智力劳动特别是自然科学的发展。这种结论不是逻辑推演的结果，而是一个事实存在。实践证明，科学技术迅速地、大规模地转化为生产力，不仅给人类社会带来了空前的繁荣，也在科技自我革命的更新迭代中创造了越来越多新的技术形态。

（三）科学技术引发了教育格局的深刻变革

科学技术的发展进步让教育“大众化”成为可能。马克思指出：随着科学的进步，基本教育、知识等，阅读、书写、计算以及商业知识和语言知识等，就会越来越迅速地、越容易地、越普遍地、越便宜地再生产出来，资本主义生产方式越占统治地位，因而科学和教学方法越是面向实际。恩格斯也同样认为，印刷术的发明以及商业发展的迫切需要，不仅改变了只有僧侣才能读书写字的状况，而且也改变了只有僧侣才能接受较高级的教育的状况。教育的普及同样也催生了新的教育格局，教育本身也发生了巨大变化，由过去常常"滞后"甚至"脱节"于社会发展进程转变为持续"跟进"和"匹配"社会进步潮流。比如，在16世纪，以牛顿经典力学为中心的科学体系的形成，标志着科学研究界发生了具有历史意义的重大转折。而后，欧洲各个国家纷纷在思想、政治、科学、技术和工业上对传统模式发起革命。正如马克思所言，理论力学的发展（牛顿所完成的力学在18世纪的法国和英国都是最普及的科学）在英国都已具备了。其中，"教育革命"作为欧洲摆脱中世纪以来精神枷锁和文化束缚的标志，越来越成为突破旧观念、解放新思想、开辟新境遇的必由之路。

（四）科学技术应用于人类社会生活的"异化"问题

科学技术的进步与人类文明的发展具有促进与制衡的双重性，而非简单的相辅相成。马克思对异化问题进行了深刻分析与阐述，揭示了资本主义制度下"人的异化"本质，并对资本主义社会中出现的四重异化现象进行了深入批判。同样地，对于资本主义社会自然科学的发展，马克思在肯定其进步意义的同时，也深刻揭露了其产生的"异化问题"。他指出，在机器上实现了的科学，作为资本同工人相对立。而事实上，以社会劳动为基础的所有这些对科学、自然力和大量劳动产品的应用本身，只表现为剥削劳动的手段，表现为占有剩余劳动的手段，因而，表现为属于资本而同劳动对立的力量。如今，科技异化问题越来越受到人们的关注。赫拉利在《未来简史》中描绘了大数据时代正在发生的社会转型及种种令人担忧的未来情景。它从两个维度展示了当下科技异化的表征：一方面是劳动的角度，即"把劳动看作人的自我确证的本质"，也就是将工作和事业作为人的自我满足和实现的根本条件；另一方面，万物互联系统越来越成为一种疏离乃至支配性的神秘力量。正如资本主义给予社会各方面以合理化形式，但社会整体却越来越呈现出一种总体的非理性。当科学技术越来越与整个人类社会展现出亲密的逻辑自洽性，也必将会使人类从原初的“人控制科技”迈向“科技控制人”的现实窠臼。

二、列宁的科技观思想及其相关论述

俄国是世界上第一个社会主义国家，其领袖人物列宁在新的历史条件下结合当时俄国工人运动的实际，结合布尔什维克党开展科技工作的具体实践，积极探索科学技术工作的内在规律，提出了一套适合社会主义经济发展的科学理论思想。

（一）科学技术是推动社会变革的强大力量

正如马克思、恩格斯将科学技术称作一种“新生力量”，列宁也同样从社会主义革命实践中敏锐地发现科学技术是一种在历史上起推动作用的、革命的力量。首先，科学技术催生产业变革，使其发生质的飞跃。列宁指出，资本主义生产所支配的国民经济各个部门，没有一个不曾发生这样完全的技术改革。其次，科学技术为劳动者所掌握，可以极大地提高劳动生产率。1918年，列宁在《苏维埃政权的当前任务》中着重谈到无产阶级夺取政权后要提高劳动生产率，用最新技术来开采这些天然富源，就能造成生产力空前发展的基础，从而提高劳动生产率，保证大工业的物质基础。最后，新科技革命为新的生产关系奠定了坚实的生产力基础。列宁指出，科学和技术每前进一步，都必不可避免地、毫不留情地破坏资本主义社会内的小生产的基础。科技进步之所以能够转化生产关系，其根源在于科学技术本身就是一种生产力，并且这种生产力的威力足以引发“资本主义国家最重要的生产部门中的一次巨大的技术革命”。

（二）科学技术是巩固和发展社会主义制度的物质保证

科学技术作为生产力的重要因素，无论是在资本主义国家还是在社会主义国家都发挥着十分重要的作用。十月革命胜利后，新生的苏维埃政权的境况是极其艰难的。首先是14个帝国主义国家的武装干涉和国内反动派的叛乱,使“社会主义祖国处于危机之中”。列宁继承与发展了马克思关于“生产力的变化引起生产关系的变化”的思想。他认为,资本主义对封建主义的代替正是建立在科技革命的基础上的,同样,新的技术革命又会导致资本主义生产关系被新的生产关系所替代。为了捍卫新生的人民政权,列宁反复强调,要大力发展生产力,在现代最新科学的成就基础之上尽快恢复工业和农业。之所以强调“科学技术基础”,是因为科学技术是提高劳动生产率的必要条件,而“提高劳动生产率是根本任务之一,因为不这样就不可能最终地过渡到共产主义”。至于发展生产力的具体做法,列宁主要强调要大力发展商品经济,要发展混合所有制,要学会做商业,要发挥市场、货币和价值规律的作用,要敢于、善于同资本主义国家做生意,等等。

(三)综合技术教育是改革旧教育、发展无产阶级教育的重要方面

列宁多次强调,我们要发展我们无产阶级的教育,这也是资产阶级所做不到的。我国无产阶级是社会的主要力量。职业技术教育与生产联系最为紧密,这是在为社会主义培养最一线的技术人员。

一方面,列宁制定了技术教育的具体措施,把实施综合技术教育作为巩固无产阶级专政、培养全面发展的人的根本措施之一。1919年,列宁把1903年旧党纲中“对未满十六岁的男女儿童一律实行免费的义务的普通教育与职业教育”改为“对未满十六岁的男女儿童一律实行免费的义务的普通教育和综合技术教育(从理论上和实践上熟悉各主要生产部门)”。

另一方面,列宁认为要避免综合技术教育过程中的两种错误倾向。1920年,苏维埃第八次代表大会提出恢复和改造国民经济、制定电气化计划,列宁把实施以电气化为主要内容的综合技术教育,作为一项迫切的任务。他批评了苏联当时存在的两种错误倾向:一种是认为经济困难,缺乏条件,采取拖延态度;另一种是用单一的职业技术教育代替综合技术教育,使学校过早专业化。他明确指出:“根据马克思,根据我们俄国共产党的党纲”“把立即向综合技术教育过渡,或者确切些说,立即采取许多马上就能做到的走向综合技术教育的步骤,规定为必须绝对执行的任务”。也就是说,用“规范化

的演进步骤”替代“急促式的一蹴而就”，将过程化思维引入综合技术教育的基本环节。

三、中国共产党人的科技观思想及其相关论述

从“向科技进军”到“科学技术是第一生产力”，从科教兴国战略、人才强国战略到建设自立自强的创新型国家，并作出把科技创新摆在国家发展全局核心位置的重要论断，中国共产党在领导我国科技工作的过程中形成了一系列具有原创性的重大战略思想，在总结新中国成立以及改革开放历史进程和宝贵经验的基础上，创造性地形成了既有理论高度，又有实践深度的中国化马克思主义科技观。

（一）中国共产党人关于马克思主义科技观的萌芽奠基

早在新文化运动期间，民主与科学便成为热血青年向封建礼教以及封建专制思想猛烈开火并走向与工农相结合道路的两面旗帜。新文化运动对毛泽东产生了直接而又深刻的影响，他从爱国青年走向马克思主义者，并用中国化的语言阐释和发展马克思主义理论。毛泽东的关于科学技术发展的思想，不仅为中国化马克思主义科技观形成奠定了坚实的理论基础，也为新中国恢复和发展科技事业的伟大实践提供了重要的方法论指引。

1. 高度重视科技事业，强调“向科技进军”。新中国成立后，面对蓬勃发展的世界新技术革命和我国工业生产与科学技术的落后状况，毛泽东在全国知识分子问题会议上发出“向科技进军”的号召，并反复强调：我们国家大，人口多，资源丰富，地理位置好，应该建设成为世界上一个科学、文化、技术、工业各方面更好的国家；中国要培养大批知识分子，要有计划地在科学技术上赶超世界水平，先接近，后超过，把中国建设得更好。

2. 鼓励科技开拓创新，坚持“百花齐放、百家争鸣”。“双百”方针既是我国社会主义文化繁荣的方针，也是我国科技工作的基本方针。其基本精神使艺术上不同的形式和风格可以自由发展，科学上不同的学派可以自由争论。这不仅符合我国文化和科技工作发展的客观规律，也从侧面彰显了社会主

义艺术与科学力量的包容性。1956年,在中国讲学的一位苏联学者,向中方陪同人员谈了他对毛泽东《新民主主义论》中关于孙中山的世界观的论点的不同看法。事后,毛泽东在中共中央宣传部关于是否要向苏联共产党方面反映此事的报告上批示:“我认为这种自由谈论,不应当禁止。这是对学术思想的不同意见,什么人都可以谈论,无所谓损害威信。因此,不要向尤金谈此事。如果国内对此类学术问题和任何领导人有不同意见,也不应加以禁止。如果企图禁止,那是完全错误的。”

3.以自力更生为主,同时学习外国新技术的长处。在世界市场与世界交往的不断深化与发展中,“自力更生”与“争取外援”成为世界各国进行交往和联系的一种重要形式。

(二)中国共产党人关于马克思主义科技观的接力发展

1978年,党的十一届三中全会作出把党和国家的工作重心转移到经济建设上来,实行改革开放的伟大决策,吹响了现代化建设的号角。科技改革开放不仅发挥了引领未来的领头羊作用,也充当了攻坚破冰、探索跨越的试验田作用。以邓小平同志为核心的党的第二代中央领导集体确立了科学技术在我国现代化建设中的重要地位,并把科学技术作为中国式现代化建设的战略重点,提出“科学技术是第一生产力”的重要论断。对于如何发挥科学技术“第一生产力”的作用,邓小平提出了两条辩证理路:一是坚持“内”“外”兼合,把立足点放在依靠自己力量的同时也积极引进和消化吸收国外先进技术。邓小平明确指出:学习先进,才有可能赶超先进。提高我国的科学技术水平,当然必须依靠我们自己努力,必须发展我们自己的创造,必须坚持独立自主。中国的事情要按照中国的情况来办,要依靠中国人自己的力量来办。二是坚持“科”“教”并行,培育和造就高素质科技创新人才。科技的竞争,归根到底是人才的竞争。培养高素质专门人才和拔尖创新人才离不开持之以恒的教育。邓小平认为,发展科学技术是实现现代化的关键,而振兴教育则是发展科学的必要条件,不抓科学技术,实现不了现代化;不抓教育,同样实现不了现代化。总的来说,邓小平提出的科学技术思想是对马克思、毛泽东等提出的科学技术思想的继承与发展，尤其是在基本理论、人力资源和体制变革等方面为中国科技的接力发展奠定了重要理论基石。

（三）中国共产党人关于马克思主义科技观的丰富拓展

进入21世纪以后，新一轮科技革命和产业变革风起云涌，我国科技发展再次面临重大机遇。以江泽民同志为核心的党的第三代中央领导集体，从国内外形势的发展变化和我国科技事业担负的艰巨任务出发，提出了一系列新的理论观点和政策思想，丰富和发展了毛泽东和邓小平的科技思想，是新时期我国科学技术工作的行动纲领。1995年5月6日中共中央、国务院作出《关于加速科学技术进步的决定》，首次提出在全国实施科教兴国战略。江泽民在会上指出："科教兴国，是指全面落实科学技术是第一生产力的思想，坚持教育为本，把科技和教育摆在经济、社会发展的重要位置，增强国家的科技实力及实现生产力转化的能力，提高全民族的科技文化素质。"同年，中国共产党第十四届五中全会在关于国民经济和社会发展"九五"计划和2010年远景目标的建设中把实施科教兴国战略列为今后15年直至21世纪加速中国特色社会主义现代化建设的重要方针之一。与此同时，江泽民基于新的理论和实践经验，提出了科技伦理化和科技法制化的问题。这对于引导科技向善、规范科技创新行为具有重要指导意义。党的十六大以来，面对前所未有的机遇和挑战，面对复杂的国内外形势，以胡锦涛同志为核心的党的第四代中央领导集体，以邓小平理论和"三个代表"重要思想为指导，深入贯彻落实科学发展观，对于我国科技事业如何从"经验"走向"科学"赋予了新的理论意涵和实践指向。发展中国特色社会主义事业既要高度重视科技自主创新的作用，又要坚持以人为本的科技价值取向。百年科学实践的客观事实证明，一个国家只有拥有强大的自主创新能力，才能在激烈的国际竞争中屹立不倒、把握先机、赢得主动。胡锦涛在党的十七大报告中明确指出："提高自主创新能力，建设创新型国家。这是国家发展战略的核心，是提高综合国力的关键。"科技自主创新是我们党对发展形势的准确把握和发展战略的重大部署，既反映了我们党对当今世界经济、政治、科技发展趋势和内在规律的准确把握，也表征着加快推进社会主义现代化建设对科技发展的新要求。另外，科技作为一项物质型发展手段，不能逃避“发展为了谁”这一前提性预设。胡锦涛指出：“坚持以人为本，让科技发展成果惠及全体人民。”科学技术本身的发明与创造是用以“服务人”“发展人”“尊重人”，其根本价值归宿便是用科学技术手段丰富完善人自身，以实现物质手段的进步与人自身解放的高度一致。

（四）中国共产党人关于马克思主义科技观的深化完善

新时代社会变革和实践创新必然伴随着思想理论的发展创新。党的十八大以来，以习近平同志为核心的党中央着眼世界发展大势，立足当前、着眼长远，把科技自立自强作为国家发展的战略支撑，推动实施科教兴国战略和创新驱动发展战略，坚定不移地走中国特色自主创新道路。

1. 将“创新”作为引领发展的第一动力。创新位于“五大发展理念”之首，具有统领性作用。2022年10月16日，习近平总书记在党的二十大报告中强调，必须坚持科技是第一生产力、人才是第一资源、创新是第一动力，深入实施科教兴国战略、人才强国战略、创新驱动发展战略，开辟发展新领域、新赛道，不断塑造发展新动能新优势。

2. 加强科技创新成果向现实生产力转化。习近平总书记不仅高度重视科技自主创新的作用，同时也着重强调要推进科技创新成果的创造性转化。习近平总书记多次强调要“加快科研成果从样品到产品再到商品的转化，把科技成果充分应用到现代化事业中去”。科技创新及其成果决不能仅仅落在经费上、填在表格里、发表在杂志上，而要面向经济社会发展主战场，转化为经济社会发展第一推动力，转化为人民福祉。习近平总书记对完善科技成果转化体制机制、保护和激励科技人员积极性创造性作出了一系列重要指示，为促进科技成果转化指明了前进方向，提供了根本遵循。

3. 着力推进并深化科技体制改革。深化科技体制改革，在全面深化改革中居于关键性地位，是必须牵住的“牛鼻子”。习近平总书记指出，面对基础科学研究短板明显、关键核心技术受制于人、大国博弈给科技创新带来的不确定性和不稳定性,必须为实现科技自立自强提供有力的科技创新体制机制保障。

4. 让科技创新更好造福人类。纵观人类文明史,科技以一种不可逆转、不可抗拒的力量推动着人类社会向前发展。从科技推动人类社会发展的单向型视野来说,科技自诞生以来,便以空前的广度和深度变革人类生产生活方式,这种“改变”的理想结果便是造福人类、造福世界。习近平总书记强调要让科技造福人类,尤其是“要大力发展科技事业,通过科技进步和创新,使人们在持续的天工开物中更好地掌握科技知识和技能,让科技为人类造福”。党的十九届五中全会首次把“面向人民生命健康”作为我国科技创新的一个新方向。这是党中央在“面向世界科技前沿、面向经济主战场、面向国家重大需求”基础上,坚持“科技为民”作出的新部署。

5. 以全球视野谋划国际科技合作。当今世界,新一轮科技革命和产业变革蓬勃兴起,以互联网、大数据、云计算、人工智能等为代表的新一代信息技术发展日新月异,并加速向各领域广泛渗透,推动经济全球化深入发展。在此背景下,习近平总书记指出“当今世界,发展科学技术必须具有全球视野,把握时代脉搏,紧扣人类生产生活提出的新要求”,强调“中国高度重视科技创新,致力于推动全球科技创新协作”。实践证明,科技“自主创新”与科技“国际合作”已经成为中华民族伟大复兴战略全局和世界百年未有之大变局中推进经济高质量发展的“变革增量”。

第二章　人工智能融入高校思政课的必要性

高校思政课需要与时俱进。在智能化时代，构建与人工智能相适应的智能思政教育体系是必要且可行的有益探索和尝试。

第一节　人工智能融入高校思政课的价值

一、人工智能优化高校思政课的教育环境

（一）空间上连接现实空间和虚拟空间

教育与人类文明伴随而生。在人类教育史上，教育的组织形式大致发生了三次较大程度的变化，高校思政课作为教育的活动之一，与此类似，同样历经了三次变革。

在第一次工业革命的基础上，个体的、分散的教育转变为有组织的学校教育。随后以内燃机、电力的发明和应用为代表的第二次工业革命，只是在一定层面深化了学校教育的内涵，并未从根本上改变学校教育的组织形式。在此种组织形式之下，学校教育具有如下特点：一是教育场所的固定性。这可谓是学校教育最为可视的特点，教师和学生在教学时间内聚集在固定的场所——教室。在教室这一固定且相对封闭的空间内，教师作为主体开展教

育活动，学生作为客体接受教育活动所传授的教育信息。在这一现实场域内，教师和学生处于面对面的状态，这能够帮助教师构建起推动教学目标实现的客观环境，有助于教师通过对学生眼神、神态和情绪等方面的把握，及时了解学生的学习状态以及对教育信息的掌握程度，并由此在教学内容、教学方法上予以及时调整，推进教学活动有序进行，提升教学的实效性。二是职能的专门性。学校的唯一职能就是培养人，换言之，学校是培养人的专门场所。在这里，学校教育便与家庭教育、社会教育区分开来。当然，从学校教育场所的固定性不难延伸出，包括高校思政课在内的教育活动主要是在我们触手可及的现实空间内展开，具有及时性、真实性的特点。

以原子能、电子计算机、空间技术和生物工程的发明和应用为代表的第三次科技革命，使高校思政课逐渐向虚拟空间转向。这一时期，高校思政课突出表现为网络高校思政课的形式。在理解网络高校思政课概念时，存在着“工具论”与“本体论”的观点。工具论主要是将网络作为一种载体，用以提高人的思想政治素质、促进社会良性运行的高校思政课。本体论是指研究存在的本质和实体的哲学理论，在网络高校思政课概念时，本体论主要研究网络虚拟时空中的高校思政课，旨在提升虚拟社区空间中个体的思想道德素质，推动人类的生存和进步。在这里，网络不再以工具意义存在，而是高校思政课的运行时空和存在方式。简言之，网络高校思政课是在网络虚拟社区空间，采取强目标性、强组织性的方式，对社会个体施加积极影响，从而提升其思想道德素质，以符合社会期待和要求。网络高校思政课基于互联网技术，使其教学渠道和手段得以拓展，呈现不同于传统高校思政课面对面的、现实的、当下的状态，表现为“非面对面”形态，教师与学生凭借网络，并通过网络终端彼此连接。这种“非面对面”形态主要体现为两个方面：一是运用即时通信软件，实现教师与教育对象的即时“非面对面”沟通；二是教师与学生逐渐虚拟化，呈现为人格、身份和社会关系的虚拟。可以说，网络高校思政课的出现，在一定程度上极大地改变了人们对高校思政课的认知方式，同时也极大地改变了高校思政课的实施方式。但在网络技术和普及程度深入发展的同时，人们对网络与高校思政课的融合发展或者说应用的认识仍然经历了一个漫长的过程。由最开始认识不全面主导下的误解，到初步认识助推下的盲目跟进，再到全面认识评估指导下的良性推进，对网络高校思政课的认识和运用经历了“辩证的否定”过程。

以物联网、5G和人工智能的发明和应用为代表的第四次工业革命，使得高校思政课由原本的“现实环境”向“虚拟环境+现实环境”进行转变，成功连接了现实空间与虚拟空间。智慧学校、智慧课堂、虚拟教室、智慧课桌不断涌现，学校的定义和内涵进一步丰富，教育和学习不再局限于传统的面对面教学，而是通过线上和线下相结合的方式进行，教学方式也出现了线上形式，更加灵活多样。不置可否，人工智能与虚拟现实有着天然联系，能够为高校思政课创造出虚拟环境。具体而言，人工智能在虚拟现实领域具有的重要赋能作用，主要通过三个方面体现出来：首先，人工智能在虚拟现实中赋予虚拟对象智能，使其能与人类进行智能化的互动，例如智能机器人在现实生活中的运用。其次，人工智能使交互方式智能化，通过感知通道的整合和对使用者生物信号的读取与预测，实现虚拟现实的真实化。再次，人工智能在虚拟现实领域推动了内容研发与生产的智能化。它提升了制作工具和开发平台的智能化水平，使得虚拟现实内容的建模效率大幅提升。同时，借助VR/AR等技术，人机交互体验更加丰富真实，为教育带来了革命性的改变。学生戴上一个复杂的、支持人工智能的VR设备时，可以体会到与现实中相隔千里的场景，甚至可以在VR中重现真实的触觉，实现身临其境的感觉。此外，将人机互动模式引入教学过程，学生在线接受如机器人

教师的授课，在此过程中，学生可以选择自己喜欢的虚拟教师形象。

人工智能技术深刻地影响了高校思政课的实效性。传统的高校思政课主要通过面对面的方式进行，而现在，通过虚拟学习和移动学习等新的方式，学生可以更加灵活地接受教育。同时，制度化和非制度化的学习方式也可以共存，并相互结合，为学生提供更加多元化的学习体验。

这种智能化的场景不仅丰富了高校思政课的形式，也提高了教育的效

果。通过人工智能技术的支持,教师可以根据学生的不同需求和特点进行个性化教学,更好地满足学生的学习需求。此外,人工智能还可以通过数据分析和挖掘,帮助教师更好地了解学生的学习情况和问题,及时进行调整和改进。在人工智能背景下,高校思政课实现了现实环境和虚拟环境的有机统一。从实践意义来看,现实环境和虚拟环境的有效连接:一方面,使得学生受到高校思政课“影响”的渠道增加,高校思政课的影响力、传达力得到进一步增强;另一方面,虚拟环境能够在一定程度上弥补现实环境在生动性、趣味性上的短板,现实环境也能够在很大程度上弥补虚拟环境真实性不足的问题。可以说,人工智能的出现,实现了高校思政课由单一环境向虚拟环境和现实环境的转变,实现了二者的优势互补。

(二)时间上助推教学活动的灵活开展

与传统高校思政课活动须在特定的时间进行比较,人工智能融入高校思政课后,思想政治教育活动的展开更具灵活性。

1. 人工智能提供软硬件支持。高校思政课甚至所有的教育活动,只要是以学校教育的组织形式展开,便必然打下教育时间相对固定的烙印。即学生必须在一定的时间到特定的场所进行学习,接受一定组织实施的教育活动。在这一时间内,教学者与学生同时在场,以教育共同体的形式完成相应的课时,达成一定的教学目标。从辩证唯物主义的角度来看,任何事物出现都有其历史必然性,但这种必然性会随着社会历史的发展而相应改变。过去的高校思政课在时间上的固定性,实则体现的是教育的组织性和计划性,它能够在一定程度上保障教学活动的顺利开展。同时,在幼儿期、儿童期、少年期、青年期分别进行相应的幼儿教育、小学教育、中学教育、大学教育,也能够切合个体成长的不同阶段的生理、心理发展的特点,分阶段进行凸显了教育的针对性。从宏观上来看,这种时间固定的教育方式在当下的教育中仍然具有重要的实践意义。但即便如此,也不能忽视在微观上这种教学时间固定背后所隐藏的弊端:一方面,教学时间固定难以有效发挥学生学习的主动性。固定时间学习暗含着“这一时间”学习的逻辑指向性和排他性，给予了学生其他时间不用学习的心理暗示，不利于高校思政课活动在课前、课中、课后的连贯性，从而使教学效果受到影响。另一方面，教学时间固定一定程度上增加了学生的学习疲惫性。此种模式表现为集中学习。但在人工智能时代，智能机器人、深度学习、在线课程广泛运用于高校思政课领域。教师可以通过智能教育平台灵活开展教学活动，不再局限于固定的时间和场地。人工智能使学习资源无限复制和广泛通达，助推其灵活更新，学生也可以通过人机协作实现平等式、开放式、自主式学习，使其获取高校思政课信息的渠道日益增加，从而实现由单一学习方式向多元学习方式转变。换言之，人工智能的出现，直接改变了传统的高校思政课教育模式，为教学活动的灵活开展提供了软硬件支持。

2. 教师与学生有效互动性增强。这是教学活动灵活开展的另一层面。人工智能是以大数据和算法为发展基础的，其积极意义建基于海量数据的收集、处理和应用之上。教学过程的智能化支持，使高校思政课一改过去对繁多、杂乱、无序数据的被动状态，通过对学生学习、生活、工作等方面的数据全方位收集整合，为高校思政课活动提供多层面和科学化的数据汇集，从而对学生的基本情况、学习情况进行准确评估和监测，成为学生个体的智能学习助手，并以此快速制定个性化的“学习路径”。在此过程中，教育活动不再仅限于教师对学生单向度的“输出”模式，而是转换为“教师（输出）—学生（输入+输出反馈）—教师（输入反馈+输出）”的互动模式。在师生互动模式下，教师能够及时且有效地掌握学生的学习情况，基于人工智能对高校思政课的赋能，教师可根据学生不断反馈的信息，依托在线平台同学生进行沟通交流，共同有针对性地完成实时学习。教育活动从而在一定程度上突破了传统教育中时间固定的桎梏，时间上的灵活能够极大提升效率，从而更好地满足学生的学习需要。从全面发展的素质教育而言，人工智能下的高校思政课师生互动，呈现的是“适合的教育”，体现了教育以人为本的理念，尊重了学生的个体差异。

二、人工智能更新高校思政课的教育思维

(一)助推技术性思维与价值性思维的统一

技术性思维与价值性思维相统一,是由人工智能和高校思政课的本质属性所决定的。前者是最新科技的代表,而后者体现的则是教育的最终价值归属。

1. 人工智能以技术出场,融入高校思政课之中,必然带有鲜明的技术色彩。雅克·埃吕尔曾谈到,技术已经成为人类必须生存其间的新的、特定的环境。它已替代了旧的环境,即自然的环境……毋宁说它们置身其中,置于一个改变了所有传统社会概念的全新背景之中。人工智能作为一种技术手段,对高校思政课的运作方式产生了巨大的影响。通过将人工智能与高校思政课紧密结合,将教育环境的实体和虚拟空间无缝连接起来,这种全方位的链接不仅在实体空间中提供教育资源和互动机会,还在虚拟空间中创造了全新的学习环境,这就构成了"定制"教学计划的技术前提,可以为学生提供更多的学习选择,帮助其掌握自己的学习内容,实现学习行为的自我调节。在高校思政课的学习范式上,人工智能也带来了巨大改变。语音识别与语义分析可以运用于口语测评,图像识别在作业上传、批改等方面发挥作用。在人工智能快速发展之下,学生将拥有自身的智慧学伴。根据需要,点一点、拍一拍、扫一扫,信息就可点对点精准供应。建立在海量资源、科学筛选、超速计算等技术基础上的人工智能,给高校思政课带来的改变并不仅仅局限于以上方面。人工智能融入高校思政课,前者给后者带来了巨大的发展机遇。开放带来进步,封闭必然落后。一项新的革命性技术的到来,如果不去拥抱,因循守旧,势必造成"两败俱伤"的局面:一方面,不拥抱新技术,对于技术的持续进步和发展将带来阻滞。恩格斯曾经强调,社会一旦有技术上的需要,这种需要就会比十所大学更能把科学推向前进。这实则揭示了科技发展的根本动力,即人类社会的需要。如果一项技术脱离了社会需要,即便其因为各种原因而出现,它也必然逃脱不了被扔进历史垃圾桶中的

命运。反之,如果某一技术顺应经济社会发展的要求,那么其必然在社会中得以应用,而在普遍的应用中,人们又会对该技术提出更多、更新的要求,这些需要无疑将推动科技的进步和不断完善。另一方面,不拥抱新技术,对于高校思政课的继续发展将是阻碍。包括高校思政课在内的教育活动,是一种现实性很强的活动,如果不对新技术加以研究,高校思政课将难以在实效性上得以突破。例如,互联网时代,高校思政课的对象处于"无时不网""无处不网"的状态,高校思政课教师一旦怀有"鸵鸟心态",那么许多教育对象将难以有效地被纳入高校思政课活动之中,高校思政课的效果也将大打折扣。同时,高校思政课活动要实现创新发展,除了教师、教育内容等领域和途径加以实现外,也离不开依托科技予以实现。一旦离开科技的加持,高校思政课的生机与活力、发展的持续性将受到极大影响。因此,从这一角度而言,人工智能给高校思政课带来的变革主要体现在技术层面,要求教师具备技术性思维,即对人工智能这一技术工具的正确体悟以及对其在高校思政课中进行正确运用。

2.高校思政课是做人的工作,必然具有鲜明的价值导向。古今中外,指向具有高校思政课的概念存在许多差异,但其基本内涵下的实践早已铺展开来。任何一个文明要保持长久的稳定,必然离不开思想教化,这是由于社会分工的发展,私有制开始出现,阶级和国家随之产生造成的。马克思认为,占统治地位的思想不过是占统治地位的物质关系在观念上的表现,不过是以思想的形式表现出来的占统治地位的物质关系。换言之,这些阶级或集团为了实现自身的政治统治,必然通过一定措施进行思想文化层面的统治加以实现,这一手段和方法就是高校思政课。从内涵来看,高校思政课是特定社会中,特定阶级或集团有意识地、有计划地、有组织地运用特定的思想观念、政治观点和道德规范来教育其社会成员。这种教育是由一定社会的阶级或集团主导的,其目的是使学生的思想道德符合该社会群体或阶级的要求。通过高校思政课,社会成员能够接受并内化这些思想观念、政治观点和道德规范,从而形成符合特定社会要求的思想道德品质。这种教育形式在培养公民意识、社会责任感和集体主义精神等方面发挥着重要作用，有助于维护社会稳定和发展。不难看出，高校思政课是为一定的阶级或集团服务的，那么其也必然带有鲜明的价值性。马克思、恩格斯指出，共产党人从来不掩饰他们的阶级性，他们是无产阶级整体利益的代表。中国共产党作为马克思主义政党，团结带领全国各族人民建立了新中国，建立了社会主义制度，创造了中国式现代化新道路。当代中国的高校思政课，通过向社会成员灌输科学的世界观、人生观、价值观，其根本指向是维护中国共产党的领导和中国特色社会主义制度，这实则凸显了高校思政课最鲜明的价值导向，因为这与最广大人民群众的根本利益相一致。因此，高校思政课作为一种向人灌输有价值倾向性理论的实战活动，必然带有最基本的价值性，这也是其得以存在的前提。在这一现实要求下，高校思政课教师必须具有价值性思维，牢记“为了谁”这一根本问题，将社会成员思想观念、政治观点和道德规范作为开展这一实践活动的基本指向。具体而言，价值性思维主要表现为以下两个方面：一是坚持为党育人，为国育才。实现中华民族伟大复兴，高校思政课的作用和地位不可忽视。党的百年党史充分证明，思想政治工作抓得紧、做得好，党和国家的事业就顺畅；思想政治工作有所松懈、泄劲，就会给党和国家事业的发展带来冲击。因而，要明确高校思政课的重要价值。二是坚持立德树人，全面发展。高校思政课的价值并不仅仅局限于道德教化和行为规范，其还承担着帮助学生德智体美劳全面发展的使命任务，帮助个体在人生中实现自身真正的价值。

人工智能将助推高校思政课形成技术性思维和价值性思维的统一。价值性思维事关高校思政课的根本，在任何时候都必须坚持；技术性思维有助于更好地发挥高校思政课的价值引导性，而价值性思维又有助于人工智能技术“向善”，两者辩证统一于人工智能时代。

（二）助推个体性思维与发展性思维的统一

个体性思维和发展性思维是当前高校思政课应当体现的教育思维，人工智能为这两种思维的形成和践行充分赋能。

1.个体性思维,即对学生个体的关照。中国传统教育观十分强调对个体的关注:一方面,在教育对象上坚持“有教无类”,不分贫贱贤愚对各类人进行教育;另一方面,在教育方式上提出“因材施教”,从学生的实际情况和个体差异出发,有的放矢地进行有差别的教学,使每个学生都能扬长避短,获得与自身情况相一致的教育,从而实现个体真正的、全面的发展。毋庸讳言,以上两者,尤其后者所强调的精准施教一直以来是包括高校思政课在内的教育的“理想图景”,但囿于各方面原因,一直难以有效实现。

(1)高校思政课做的是人的思想工作:在党和国家的发展历程中,也曾出现过对思想政治工作的认识误区。在一些人看来,高校思政课本就有务虚的成分,在全局中工作应当无足轻重。这种十分荒谬的观点背后,是高校思政课存在对人们思想、行为难以有效把握的问题。从现实来看,人的本质是一切社会关系的总和,在复杂社会关系之下的个人呈现出众多不同的状态。换言之,人们会根据周围环境的不同而对自己的意图、情感进行不同表达,也就使得对学生个体的把握难以有效进行。一旦失去对学情的全方位掌握、对学习状况的及时反馈,对个体的精准施教也就难以展开。

(2)相匹配的技术未能达到这一要求:要实现面向不同性格特点和对学情需求的学生,处理多样化的教育教学问题,单靠教师的力量是无法完全实现的,必须有相关辅助性技术予以支撑。人工智能的出现,为教师全方位考察、了解学生的个体情况、学习状况提供了充分的技术支持。具体而言:一方面,教师能够通过对学生相关数据的收集、处理和分析,掌握一手的、全面的学情,并以此设计具有针对性的个体学习方案,提升学生的信息接受度。同时,依托智慧课堂的传感器等设备,对学生的课堂状况进行实时监控和反馈,促进教学活动的及时调整。必须指出的是,获得的关于学生多层次、多方位的信息,完全源于其无意识状态,即这些信息是学生真实情况的表现,能够充分表征其当前的思想和行为倾向。另一方面,学生在家庭或者社区,通过“慕课”在内的网络和多种工具自主学习后,对传统教育教学模式来说是极大的挑战。这时,对学生个体真正的需要上升为教师所有关心的问题。

因而,人工智能时代下,新技术、新工具、新手段被应用于高校思政课中,对个体的关照有了硬件支撑,也促进了个体性思维的形成。

2.发展性思维,即对学生发展的关照。过去的高校思政课,比较强调价值引导性,注重对相关理论的灌输,形成了重思想道德素质,轻全面发展素质的倾向。但就高校思政课而言,其目的在于教育人、培养人、促进人的全面发展,并且其也能够实现这个目标。

(1)高校思政课能够为人的全面发展指明方向:人的发展离不开内外部因素的共同作用,而高校思政课能够帮助学生明白人生道路上哪些是有意义的,同时,它能够激发人的主观能动性,激发学生进取向上的意识,使自身以极大的热情对待自己的成长与发展。

(2)高校思政课能够提高人的思想道德素质:思想道德素质和科学文化素质对人的素质构成同等重要,有时在一定程度上更能决定个人的发展成就。高校思政课能够使学生明确社会基本的道德规范,创造其全面发展的条件。例如,高校思政课活动能够帮助学生判断对与错、是与非、苦与乐、黑与白,能够让其正确认识生活中的顺境与逆境,能够让其游刃有余地处理人际关系,引导学生在生活中、发展中多走正路,少走弯路。

(3)高校思政课能够促进人的本质发展:马克思强调人的本质,在其现实性上,是一切社会关系的总和。人作为一种社会存在,处于若干种关系之中。人的全面发展的标志之一就是人的社会关系的高度发展。而高校思政课能够最大限度地帮助人们建立良好的人际关系,解决交往中出现的矛盾。人工智能对高校思政课促进人的全面发展更为明显:一方面,学生能够通过多种渠道获得原先只能由教师才能获得的教学资源,简单的信息摄取和知识不再是学生唯一的目标,他们更多的是在高校思政课过程中获得批判的、创造的、协同的能力,为一生的发展夯实基础;另一方面,人工智能在融入高校思政课过程中,不断提高学生对相关技术的掌握和运用能力,不断提升学习质量和效率,这为往后发展奠定了重要基础。

总之,在人工智能时代,要求高校思政课必须更多地关照学生的发展问题,使其既适应人工智能时代的现实,又满足一生发展的需要。只有具备个体性思维,才能论及发展性思维;而发展性思维,又是对个体性思维的保障。人工智能融入高校思政课,在促进个体性思维和发展性思维形成的同时,也促成了二者的统一。二者相得益彰,缺一不可。

三、人工智能丰富了高校思政课的内容

在人工智能时代,教师不受国籍、时空的限制,可以获得自己所需的教育资源,并更快、更广地使教育资源共享,还可以把自己的教育心得、教育方法传递出去,让更多的教师看到,与世界范围内的教师进行讨论、交流。人工智能提升了思政教育信息交流的开放性与共享性,与传统的思政教育传播方法相比,人工智能使教育内容的传播更快、更及时,教育信息更具有开放性。

人工智能技术为高校思政课教师提供了个性化高校思政课的可能性。由于学生的个性、家庭背景、成长经历等方面存在差异,有效的思政教育需要根据个体情况给予具体引导和帮助。然而,现实中高校思政课教师难以全面了解每位学生,因为他们与学生之间是一对多的关系,教学任务繁重。时间和机会的限制导致教师无法深入了解每个学生,只能对个别同学进行重点辅导,而对其他同学进行统一的一般化教育管理。

人工智能基于大数据的优势,具备强大的逻辑思维和数据处理能力。高校思政课教师可以应用人工智能来广泛搜集工作对象的信息,并进行多维度、全面的综合立体分析。这样一来,高校思政课教师不仅减轻了搜集信息的压力,还能够将原本用于搜集信息的时间转移到深入分析对象特点和精细制定个性化引导和帮助方案上。可以说,人工智能时代的到来为高校思政课教师提供了为每个工作对象提供个性化引导和帮助的可能性。

四、人工智能拓展高校思政课的教育方法

(一)依托精准画像,实现个性化教学

落实到高校思政课,人工智能可以弥补传统教育方法在关注学生个性方

面的不足,使得个性化教学成为可能。

学生思想政治素质的形成是一个复杂的过程,需要经历知识、情感、意志、信仰和行动等多个方面的矛盾运动。为了发挥道德规范的积极作用,教师必须提前了解和把握学生的思想行为特征。只有这样,才能更好地引导学生在高校思政课中形成正确的思想观念和道德品质。但人的思想意识以及相关行为,具有潜在性与变动性,其动因并不直接表征在外。直接掌握情况、跟踪变化,对教师而言具有一定难度,使得难以对学生个体进行有针对性的教育,“精准灌”难以有效开展,在实践中往往又容易变为“大水漫灌”,导致我们的高校思政课在吸引力、获得感方面还存在不足。在高校思政课领域中,人工智能的智能化技术应用最为典型的地方就在于个性化教学,其基本原理主要围绕对学生的精准画像展开。画像,本是美术领域的一个词语,后来被引申到多个领域用来形容对对象特征的立体把握。用户画像是一种通过收集、整理和分析大量数据,将学生的各种特征和行为模式进行综合呈现的方法。它可以帮助我们更好地了解学生的需求、兴趣和偏好,从而提供个性化的教育服务和支持。用户画像的建立需要借助各种数据分析工具和技术,如数据挖掘、机器学习和人工智能等。通过对学生的行为数据、社交媒体数据、学习记录等进行分析,我们可以得出关于他们的一些重要信息,如年龄、性别、地域、兴趣爱好、学习习惯等。实现对学生精准画像需要收集和分析大量数据,包括个人信息、学习行为、兴趣爱好等。通过数据挖掘和机器学习算法,可以提取关键特征并进行分类和预测。同时,结合教育领域的专业知识和经验,进行个性化的教育和推荐服务,以满足不同需求和目标的教育要求。人工智能时代,主要依托图像识别、自然语言处理、数据挖掘等技术,收集学生的学习、生活数据,用以预测其未来的思想倾向和行为表现,智能化地推荐学生最适合的内容。同时,在促进教育资源的均衡化方面,人工智能也发挥着巨大作用,它可以有效地解决以前远程教学中教师与学生之间难以进行有效沟通互动和教师不了解学情的问题。随着人工智能的技术性渗透,高校思政课的“主体中心模式”逐渐呈现出向“客体中心模式”倾斜与转化的趋势。学生由被统计的“平均个体”转变为“数据解析单体”。这为教师关注每一个学生的情感表达、行为方式与精神成长，定制每一个学生的学习计划提供了技术前提。

马克思、恩格斯认为，与资本主义社会教育不同，无产阶级的教育是要培养自由而全面发展的个体。教育不仅是为了帮助个体生存，而且也是为了使个体更加自觉地生存和发展。总体而言，人工智能时代的教育关系颠覆了传统的、大班式的、讲授式的教学，忽视对学生个性和全面发展的做法，将教育教学变为了以大数据分析以及人工智能辅助的以学生为中心的个性化学习，能够在最大限度上为每个学生个体提供个性化、定制化的学习内容、方法和方案，打开了学习的“匣子”，能够激发学生深层次的学习欲望，其主动性和自觉性得以提升。

（二）依托在场反馈，实现灵活化教学

教育学家巴班斯基提出的教学过程最优化理论认为，教学过程应当立足现有条件和方法科学地组织教学方案。从目的上来说，教学过程的最优化，追求的是最好的教学过程；从实际情况来看，教学过程的最优化是要在目前条件下能够达到最佳情况。辩证唯物主义认为，任何事物发展都是一个由不成熟到成熟、不完善到完善的过程。这种转变不是自然而然的，需要其在不断的内在矛盾运动中加以实现。在高校思政课中，要实现教学过程的最佳效果，最佳的方式是进行反馈式教学。

反馈式教学是以学生提出和反馈的问题为基点，教师根据反馈有针对性地调整和优化教学方案，从而最大限度地提高教学效率的活动。反馈教学法的特点是：把学习结果返回教师和学生，从而调整教与学，重新组织第二次学习，查漏补缺，使绝大多数的学生能够掌握所教内容。这种教学法对学生来说，反馈信息可以强化正确，改正错误，找出差距，改进学习方法等；对教师来说，可以及时掌握教学效果，有利于及时调控，改进教法，而学生也能够在反馈后得到教师的指导。但在高校思政课过程中，缺乏有效手段，及时了解学生的学习情况受阻，致使反馈调整的整个循环存在梗阻，“教学—反

馈—优化—教学”的过程难以畅通运行。当然,这并不说是在之前乃至当前,我们的教育教学中并不存在反馈。这里分别论述延时反馈和即时反馈。延时反馈更多的是以传统的信息和知识交流传播为主,如以纸质或以电子版为载体呈现的考试或作业,这已成为长期以来日常教学过程中不可或缺的部分。但由于批改试卷或作业需要一定的时间,其结果呈现往往不在教学过程之中。一旦反馈结果中发现问题,教师往往只能在下一次教学中花费额外的时间和精力解决上一次教学过程中存在的问题。这种反馈形式具有一定的滞后性,增加了时间成本,也对提升教学效果造成了一定影响。而即时反馈则依托一定的智能设备即时反馈课堂情况,它消除了延时反馈滞后性的弊端。随着人工智能时代的到来,即时反馈被置于更加优先的位置:一方面,人工智能中包括图像识别、语音识别和综合分析等技术,为即时反馈提供了技术支撑;另一方面,通过对学生头像的采集,对具体的神态进行分类,一旦学生在课堂的神情达到系统预警的阈值,系统将自动给教师以提示,让其随时掌握课堂态势。由于人工智能具有深度学习的能力,系统在运行之初可能还需要一定的人工介入对脸部图像标定类别,但随着深度学习的运行,系统便可自行对图像进行归类、处理,自动反馈学生的学习状态。

人工智能的出现,使高校思政课的教师和学生能够同时在场时对教学过程进行反馈和调整,整个过程没有离开当下的教学过程,完全实现了即时的“教学—反馈—优化—教学”。在此情况下,教师与学生的有效互动得以实现。教师在开展教学活动时,往往不再局限于提前制定的教学设计,而是根据学生的即时反馈,灵活地调整教学内容,给予学生最大限度的主体性关注。在灵活化的教学下,学生能够获得最大的尊重,其学习积极性能够得到最大限度提升。

(三)依托数据构建,实现场景化教学

任何人类活动都离不开一定的时间、空间。教育要完成个体心灵的转向,教师要实现改造“灵魂”任务,离不开在教育活动中让学生受到触动。要实现这一系列目标,除了依靠教师高超的教育技能、高尚的人格魅力外,还离不开相关匹配的场景。

“场景”是指在特定时间和空间内发生的事件或行为的背景和环境。它通常包括人物、物品、气氛等元素，能够为故事或情节提供更加生动、真实的背景支持。场景的内涵则是指场景所蕴含的情感、意义和文化内涵，它可以通过细节描写、色彩运用等方式表现出来。一般是指戏剧、电影等艺术作品中的场面，一般也泛指情景，而后，场景也多应用到多个领域。在商业营销领域发展出了“场景营销”这个名词，场景营销是指通过构建具体的场景，将产品或服务与消费者的需求紧密结合起来，增强消费者的购买欲望和忠诚度。其特点包括个性化、互动性、情感化等。它可以最大限度地满足消费者需求并提升营销有效性的方式。场景营销将传统面对面的说服演变为对消费者的关注和引导，以有效交流在一定程度上避免了产品推介过程中的生硬感，从而提升消费者的信任感和满足感。在教育领域，则衍生出场景化教学这一概念。它是指将知识和场景统一为信息表征和内容组织的主要方式，学习目标和内容梳理可能的学习活动或情景，并针对学生的个性需求设计特定场景的教育方式。它能够提高学生的参与度和学习效果。

人工智能技术的快速发展，为场景化教学提供了技术支持。例如，自然语言处理、语音识别等技术的发展，使得机器能够更好地理解人类的语言和意图，从而更好地进行场景化教学。大数据技术的应用，为场景化教学提供了数据支持。通过对学生的学习行为、兴趣爱好等数据进行分析，可以更好地了解学生的需求和特点，从而更好地进行个性化的场景化教学。

云计算技术的应用，为场景化教学提供了资源共享平台。通过云计算技术，可以将各种教育资源进行整合和共享，从而更好地满足学生的个性化需求，提高场景化教学的效果。虚拟现实技术的应用，为场景化教学提供了更加真实的学习环境。通过虚拟现实技术，可以将学生带入一个虚拟的学习环境中，让他们在真实的环境中进行学习和实践，从而提高场景化教学的实效性。具体来看，人工智能背景下的场景化教学，主要有两种模式：第一，场景体验模式。学生只能在现实场景中才能被刺激，多感官的体验不仅来源于线上，而且更多的是来源于现实中的场景体验。第二，虚拟场景模式。主要通过线上虚拟应用与现实教学内容的有机融合展开，注重对知识生产过程的模拟。

人工智能技术下的场景化教学，具有多种特征：一是个性化教育，可以收集和分析大量学生的数据，为每个学生提供定制化的学习计划和教学资源，使教育更加具有针对性和个性化。二是互动性教学，可以实现与学生的实时互动，通过语音识别、自然语言处理等技术与学生进行交流和沟通，让学生更加积极地参与到学习中来。三是可视化教学，人工智能技术可以通过虚拟现实、增强现实等技术将抽象的知识呈现为具象的图像或场景，帮助学生更好地理解和记忆知识。四是自适应评估，人工智能技术可以根据学生的学习情况和反馈自动调整测试难度和内容，实现真正的个性化评估，提高测试的有效性和准确性。五是智能化辅导，通过智能机器人、聊天机器人等方式为学生提供全天候的辅导和服务，解决学生在学习和生活中遇到的问题。六是跨时空教学，可以打破地域限制，实现远程教育和在线学习，让学生在任何时间和地点都可以享受到优质的教育资源。人工智能技术的出现，助推着对场景的数字化建构，教师能够根据教学内容创设相应的教学场景，将单一维度、枯燥的教学内容以多维度、趣味性的形式再现出来，极大地改变了教学方式，也极大地提升了教学的吸引力。

五、人工智能增强了高校思政课中大学生的主体地位

传统的高校思政课通常以教师为中心，学生则被动接受，这种现象在高校的高校思政课堂上也屡见不鲜，从而不利于激发学生的兴趣，也难以调动学生课堂学习的主动性和积极性，这必然会对学习效果产生一定的不良影响。在人工智能时代，信息量庞大且传播迅速，可以在高校思政课上加入丰富的社会信息，将课堂上学到的理论知识与时政热点相结合，可以有效吸引大学生的眼球和关注，这种个性化定制的教学方式能够提升大学生在高校思政课中的主体地位，要致力于引导大学生主动运用人工智能加强学习。

比如,人工智能可以提供互动式教学资源和讨论平台,激发学生的兴趣和思考。同时,可以结合现实社会问题,引导学生通过案例分析和实践操作,深入理解和应用高校思政课知识。在人工智能时代,随着高校思政课内容的不断扩展,大学生可以根据自己的偏好和需求来选择学习内容,从而提高他们的主动性和参与度。为了适应这一变化,高校思政课教师需要及时更新相关的教育信息,以便为学生提供更多的学习资源和选择。通过共享信息资源,可以有效地促进学生自主学习能力的提升,并培养他们积极向上的思政精神。

六、人工智能提升了高校思政课的实效性

高校思政课的特殊性要求教师不仅仅要传授知识,更要与学生进行积极的对话和交流。在这个过程中,教师需要灵活地调整教育方法和内容,以适应学生的需求和问题的出现。同时,教师也需要敏锐地察觉学生可能存在的隐藏问题,并及时回应和解决这些问题,以确保教育的顺利进行。然而,正因为学生可能因为各种原因而隐瞒存在的问题,加之,教师对潜在问题的反思的滞后性,从而不能及时回应问题更无法解决问题。人机协同不仅仅是利用智能助教系统帮助教师收集资料或完成一些简单枯燥的常规任务,它的目标是将机器智能和人类智能融合到一个智能系统中,以有效地解决复杂问题。例如,学生可以通过头戴式显示器和手柄控制器,参与虚拟的历史战役,了解战争的残酷和和平的重要性。系统还可以提供实时数据分析和反馈,帮助思政教师及时评估学生的学习效果,调整教学方案,根据个体差异进行个性化指导。

七、为高校思政课教师的自由发展创造条件

高校思政课教师应既有较高专业素养,又具有广博的知识储备,还应在一定领域有所建树。这是因为高校思政课是培养学生正确的世界观、人生观和价值观的重要课程,需要教师具备扎实的学科知识和研究能力,能够深入理解高校思政课的核心内容和理论体系,从而能够准确地传授给学生。

同时，高校思政课的内容广泛涉及政治、经济、文化等多个领域，教师需要具备跨学科的知识储备，以便能够全面地分析和解读各种社会现象和问题。此外，思政教师还应具备一定的实践经验和社会洞察力，能够将理论知识与实际情况相结合，为学生提供实用的指导和建议。也就是说，高校思政课教师理应具备高素质，并且在一定的领域达到“全知全能”。然而，现实中存在一些困难限制了高校思政课教师达到以上目标。首先，由于教育体制的限制和工作压力的增加，高校教师往往面临时间紧张的问题，难以充分投入学科研究和教学实践中。其次，高校思政课的教学内容常常受到政治敏锐性的影响，教师在表达观点和传授知识时需要谨慎处理，这也增加了他们的工作难度。此外，由于社会发展的快速变化和知识的不断更新，教师需要不断学习和更新自己的知识储备，以适应新的教学需求。长期在巨大压力下以“疲于奔命”的方式工作，结果势必造成相当数量的高校思政课教师产生疲惫无力感、形成职业倦怠，而这样的结果又将对工作对象造成消极影响。借助人工智能技术处理日常事务和重复信息，高校思政教师可以有效提高工作效率。例如，使用智能辅助教学系统准备教案和课件，节省时间和精力；利用自然语言处理和机器学习分析学生反馈，提供个性化建议；通过大数据分析挖掘热点问题，丰富教学内容。这样，高校教师能专注于创造性工作和科研工作，提高教学质量和效果。

第二节 人工智能融入高校思政课的目标

一、实现高校思政课学科复合性与交叉性发展

(一)高校思政课学科复合性与交叉性发展不够

高校思政课学科是中国哲学社会科学中的新生成员,当前,就学科的发展现状来说,在实现学科复合性与交叉性发展方面的工作是相对不足的。

高校思政课学科从初步创立到如今向高水平、高质量发展迈进,大致历经了三个阶段:学科探索发展时期、学科系统发展时期、学科全面发展时期。十一届三中全会后,在国家进入社会主义现代化建设之际,国内学界对高校思政课的理论探索与研究空前迫切,广大学者尤其是从事高校思政课相关工作的人们纷纷关注此领域的理论体系建设。1980年5月,一场由原第一机械工业部和全国机械工会共同举办的思想政治工作座谈会上明确指出,思想政治工作要走向科学化,高校思政课的学科建设由此发端。1983年7月,中共中央《国营企业职工思想政治工作纲要(试行)》指出,高等院校应积极创立并推进政治工作专业,建立初、中、高级相关人才的培训网络,在全国范围内培养政治工作人才。在此精神指引下,思想政治教育学作为一门学科正式形成,部分高等院校也陆续开展高校思政课专业的招生工作,高校思政课学科逐渐进入学科建设的规范化发展阶段。1999年至今是高校思政课学科的全面发展时期,在党中央的领导和重视下,高校思政课学科的学科建设力度明显加强。1999年9月,中共中央颁布《关于加强和改进思想政治工作的若干意见》,给高校思政课学科发展巨大推动。2004年10月,中共中央出台《关于进一步加强和改进大学生思想政治教育的意见》。2016年12月,习近平总书记发表《把思想政治工作贯穿教育教学全过程开创我国高等教育

事业发展新局面》的重要讲话，系统解答了我国高等院校高校思政课工作中的一系列重大问题。此后，《关于加强和改进新形势下高校思想政治工作的意见》《全面推进"大高校思政课"建设的工作方案》等相继出台，成为新时代指引高校思政课学科全面化发展的重要文件，在这些文件精神的指引下，我国高校思政课学科建设力度持续加强，高校思政课研究团队不断优化，逐渐形成具有中国特色、中国风格和中国气派的学科知识体系。

纵观高校思政课的发展历程，高校思政课学科的交叉性、复合性研究逐渐成为学术界的研究热点，尤其是近年来，广大学者对高校思政课科交叉性研究的关注度显著增强，相关理论研究的数量和质量也有一定提升。但是，总体而言，由于高校思政课本身尚处于一个快速发展阶段，当前对其交叉性与复合性发展问题的探讨仍处于起始阶段，这方面的相关理论研究与实践可供探索的空间仍然非常大，相较于学科建构的未来趋势和发展需要来讲，当前关于高校思政课学科交叉性、复合性研究的工作还有待提升。

(二)为实现学科复合性与交叉性发展提供契机

人工智能的广泛应用为高校思政课学科实现交叉性发展与复合性发展提供了良好契机。大数据时代到来，科学技术迅猛发展，知识与理论不断实现聚合与共享，学科之间的互动互涉频繁发生，可以说，社会发展与科学进步推进了高校思政课学科的交叉性、复合性发展。人工智能是一门尖端科技，是基于大数据记忆和云算法的、具有拟人化特征与不断发展的深度学习技能，能够完成那些需要不同的智慧形态并通常由人类完成的事情，从而超越人类智慧的智能行为系统，作为一门新兴的技术科学，人工智能具有无可比拟的技术优势。2018年4月，教育部在《高等学校人工智能创新行动计划》中明确指出："根据人工智能理论和技术具有普适性、迁移性和渗透性的特点……重视学科专业教育的交叉融合，探索'塑造人工智能+X'的人才培养模式。"人工智能与高校思政课的融合研究日益成为广大学者探讨的热点议题，将人工智能融入高校思政课全过程成为学科创新发展的重要趋势。可以说，人工智能与高校思政课的融合不仅筑牢了高校思政课学科创新发展的技术基础，更是以一种全新的思维与高校思政课进行“互涉”，通过扩展学科范畴、丰富学科要素、更新学科范式等方式为高校思政课建构注入新的可能性，而这一过程也是实现高校思政课交叉性发展和复合性发展的过程。

1. 丰富扩展高校思政课学科范畴。高校思政课的有多个范畴，其中包括：个人与社会、思想与行为、教育主体与教育客体、疏通与引导、物质鼓励与精神鼓励。这些基本范畴是对高校思政课这门学科所研究的特殊对象的普遍本质联系的反映和概括。其中，“思政教育”作为核心范畴，其突出而鲜明的本质属性就是社会主义意识形态，这也是一门马克思主义的学科。同时，研究思想行为活动的规律，是揭示人们思想品德形成和发展规律的基础。但随着人工智能逐渐融入高校思政课的理论与实践，高校思政课的范畴得到一定扩展。例如，人与机器作为“关系范畴”进入研究视域。人工智能时代，机器成为人类智能的延伸，人与机器的关系逐渐复杂化，高校思政课的根本落脚点就是促进人的全面发展，人工智能融入高校思政课必然会产生一系列人与机器关系的问题与争议，因此，处理好人与机器的关系是开展高校思政课创新发展的重要基础。人工智能融入高校思政课过程实则是人工智能以其实证性、交互性思维革新高校思政课主体观、交往观等一系列思维观念的过程，在此过程中，关于人本立场、人机现象等重要关系的认知变化制约着高校思政课的发展边界，由此可以看出，人与机器的关系也逐渐扩展为高校思政课的新范畴。此外，人工智能的虚拟性与高校思政课的现实实践性发生碰撞，人工智能的算法优势与高校思政课内含的价值观念存在隐性矛盾，等等。人工智能作用于网络虚拟场域，与传统立足于现实场域环境的高校思政课实践形成反差，将人工智能融入高校思政课势必会在一定程度上改变高校思政课话语体系、组织形式、行为方式等，虚拟与现实的融合将深刻影响高校思政课主体、客体、环体、内容及方式方法，必然扩展高校思政课的新范畴。因二者融合而产生的算法与价值的矛盾也同样影响着思想政治学科基本范畴作用的方方面面，有必要将其作为新范畴纳入范畴体系中加以考量。

2. 深刻影响高校思政课学科要素。从高校思政课的要素来看，人工智能的出场不可避免地影响着高校思政课学科内诸要素，甚至引发较深刻的变革，这种影响力具体表现在高校思政课主客体关系复杂化、介体智能化、环体开放化等。

（1）高校思政课主客体关系复杂化：一般而言，教育主体与教育客体间存在着明显的区别，同时二者相互联系、相互作用，在具体实践中不存在绝对的教师与学生。一方面，人工智能技术的应用使得信息传播更加迅速和广泛，人们接触到的信息量大大增加，这使得高校思政课的主客体关系变得更加复杂，使教育主客体间的定位趋向模糊与复杂化。另一方面，人工智能作为技术科学极大程度上为高校思政课的具体实践提供便利，在一定程度上提升了教师的效率与能力、学生的主体性意识。从这个方面来讲，教育主客体的主体性意识与能力可能会因人工智能的融入而趋同，实则是进一步增加高校思政课主客体间关系的复杂性。

（2）高校思政课介体智能化：高校思政课介体是指在高校思政课课堂教学过程中，教师向学生施加影响时所采用的各式各样的方式手段以及特定的高校思政课内容、目的等。教育介体是教育主客体间的沟通桥梁，教师只有通过有效形式才能将一定的高校思政课内容传递给学生，介体样态直接影响着教育成效。人工智能融入高校思政课后深刻改变着教育介体的形式和样态，如在高校思政课的实践活动中，将依托人工智能研发出的智慧课堂、智慧校园、云教学助手等多类型智慧产品应用于高校思政课过程，抑或将教育介体置于网络虚拟与客观现实的转换中，以科学技术为介体联结着高校思政课的主客体。人工智能的发展潜力是无穷的，随着人工智能技术的进一步发展，高校思政课介体必然会被进一步拓展，不断趋向智能化。

（3）高校思政课环境开放化：高校思政课环境是指高校思政课相关的环境，既包括社会政治经济制度及政治经济生活条件、社会文化活动等在内的社会大环境，又包括学校环境、社区环境、家庭环境等在内的可能对高校思政课活动产生直接影响的微观环境。人工智能的广泛应用是社会发展和科技进步的表现，人工智能因其智能化、精准化等优势迅速在全社会范围内投入使用，本身就是为人工智能顺利融入高校思政课打下基础，并为高校思政课发展营造出更为开放的宏观环境。同时，人工智能以其虚拟空间、虚拟现实、“虚拟人”等技术丰富了传统高校思政课的场域，不断拓展延伸高校思政课的实践环境，探索其发展的无限可能性。

3.促进转换高校思政课学科范式。人工智能技术的融入深刻影响着高校思政课学科的学科范式，甚至在一定程度上推动了学科范式的转换。高校思政课范式是指在特定历史条件下，对于高校思政课的目标、内容、方法、评价等方面的基本理念和规范。质言之，高校思政课研究者在高校思政课过程中均遵循着一定的思维方式或教育模式，或基于一些经验而展开实践活动，这些思维方式、模式、经验、规范等属于高校思政课范式。传统的高校思政课范式是强调知识化、理论化的文本教育范式，而人工智能作为先进的科学技术，在融入高校思政课学科过程中挑战其传统范式，将智能与开放的特质引入高校思政课学科领域。

其一，人工智能的融入致使关于人机关系的讨论重回大众视野，其立场与价值的争议引发人们反思。高校思政课学科是以“人”为根本立场的学科，坚守人本是学科发展的基本价值诉求，而人工智能的融入，在给高校思政课学科发展注入新鲜血液的同时，也在一定程度上引发人们对工具、机器、技术等的盲目崇拜，出现主体性意识不足、人文价值消解等难题。因此，人工智能融入高校思政课后更要坚守人本立场，在“以人为本”的根本逻辑下回应人工智能时代的人机关系问题，书写高校思政课“智能化”后的新篇章。

其二，人工智能的融入改变了传统的教育形态，倒逼高校思政课范式实现转换。传统的高校思政课范式侧重于对思想政治理论的文本解读，以规范化、指令式的话语宣讲高校思政课中的理念与观点，而人工智能的融入在一定程度上颠覆了传统，如教育资源数字化、传播渠道信息化的技术手段，全息化、虚拟现实的全新场域等，分别从高校思政课的时间、场域、过程、效果等方面改变着传统的教育形态，促使其向智能化、灵活化、多样化、高效率转变。同时，这种转变不断倒逼高校思政课学科自身及时应变，激发广大学者持续探究学科交叉融合发展后的新功能和新样态，以适应人工智能融入后带来的一系列变化，可以说，在这个过程中，高校思政课学科的学科范式必然会有一定程度的调整与革新。

总的来讲，实现高校思政课学科交叉性发展和融合性发展是因时而动，也是因势而为，高校思政课学科本身具有交叉性发展与复合性发展的需要，而现阶段交叉性和复合性发展程度是有待提升的。人工智能是激活高校思政课学科交叉性发展和复合性发展的强大力量，在人工智能融入高校思政课学科的过程中将不断发挥自身的技术优势，从学科范畴、学科要素、学科范式等方面实现融合创新，也因此不断助力高校思政课学科进一步走向交叉性发展和融合性发展。

二、实现高校思政课数字化与智能化发展

（一）塑造教学主体的数字化与智能化发展思维

高校思政课的主体，通常是指高校思政课教师，即主动施加教育影响的人。教学主体是教育教学活动开展的基本要素，也是最活跃的要素之一。抓住教学主体这个要素是顺利开展高校思政课的关键。在人工智能融入高校思政课的背景下，若要实现教学的数字化与智能化发展目标，就要率先抓住教师这个关键主体，全面塑造其数字化与智能化发展思维。

做好高校思政课工作的关键在教师，推进教学向数字化与智能化发展，重点在于塑造教学主体的数字化与智能化发展思维。首先，教师要主动认识并接纳人工智能技术。党中央重视人工智能技术在教育领域的融合应用，多年间先后发布包括但不限于《新一代人工智能发展规划》《教育信息化2.0行动计划》《高等学校人工智能创新行动计划》《“十四五”国家信息化规划》等政策文件，多次提及要大力发展人工智能技术，推进创新科技在教育领域的融合发展。就人工智能技术融于高校思政课来看，人工智能在获取

教育数据、定制个性化的学习方案、进行精准施教等方面具备一定优势，若将海量数据或智能机器应用于教学过程，则会在教学过程中彰显出高效率与精准化。教师作为教学的主体，应当注重对国家政策文件的学习，积极主动地捕捉相关动态，预见性地建立人工智能融入高校思政课的意识，认识到作为尖端科技的人工智能将极大地改变高校思政课的实践方式，丰富高校思政课的实践场域。其次，教师要积极应用人工智能技术，如对教学内容把关，在教学内容建设上彰显数字化与智能化发展思维。人工智能时代，海量的教育数据涌现在教师与学生面前，学生可能会处于无法辨别有用信息、难以判断有益信息、过度依赖数据信息等困境，需要教师发挥数字化与智能化发展思维，借助智能终端与交互设备存储并筛选出有益于教学的内容，将其融合在高校思政课的教学内容之中，让教学内容有质量，从而使学生获取有效用的信息。最后，教师要对学生负责，坚守伦理道德底线，在合情、合规的范围内散发其数字化与智能化发展思维。教师在教学活动中要占据主导地位，在对学生施加教育影响时要对学生负责任，不能擅用、乱用人工智能技术，避免在教学活动以外对学生过度使用人工智能技术，以免产生一些伦理风险。

（二）推动教学过程的数字化与智能化发展进程

教学过程是指教师与学生在共同实现教学任务中的活动状态变换及其时间流程。教学过程的要素主要包括教学内容、教学方法、教学媒体、教学目标等。人工智能依托其尖端的科学技术深刻地影响着高校思政课的教学过程，审视人工智能融入高校思政课后对教学过程的影响或改变，焦点主要集中于教学内容、教学方法与教育媒体等方面。可以说，人工智能的融入，推动着教学过程的数字化与智能化发展进程。

在教学内容上，值得注意的是，高校思政课始终体现着政治性与学理性的统一。核心课程的教学内容对高校思政课课程的性质起着决定作用，并深刻影响着学科性质，无论教学内容如何更新、扩展，高校思政课核心内容和方向不能偏离。人工智能融入高校思政课学科必然会对其产生一定影响和改变,反映到高校思政课的教学内容上,技术的革新并不能撼动高校思政课的核心内容,只是以数据和算法为内核的人工智能技术会不断收集海量的教育数据,这些不断更新的教育数据、资讯有可能丰富高校思政课的教学内容,为教育内容的发展起到一定的辅助作用。

在教学方式上,人工智能的融入极大丰富了高校思政课的教学方式方法。人工智能是具有一定智慧能力的智能行为系统,人工智能技术是人工智能系统的具体应用,它以创设情境、收集和分析学情、辅助学生学习的方式融入高校思政课的教学过程,切实推进教学方式上的数字化与智能化发展进程。具体而言:其一,创设情境。2017年,教育部办公厅发布《关于2017—2020年开展示范性虚拟仿真实验教学项目建设的通知》,明确指出要运用虚拟现实技术提高吸引力和“教学有效度”。2020年,教育部社科司发布通知,提出“建设高校思政课虚拟仿真体验教学中心”。在国家政策的支持下,虚拟现实技术融入思政教学,以仿真情境和假设情境两种模式丰富了高校思政课方式。虚拟现实技术是人工智能技术之一,虚拟现实技术融入教学过程,能够使学生在数字化环境中与虚拟对象进行交互,增强学生的认同感,增强教学效果。其二,分析学情。作为人工智能技术的基础的大数据,在组织教育教学活动中发挥重要的作用,利用大数据分析,高校思政课教师可以更好地了解学生的思想动态、兴趣爱好和行为习惯,为开展个性化教学提供数据支持;可以运用大数据获取并记录学生的学习行为数据,做好教学反馈,优化教学效果;可以通过某些智能平台向学生推荐学习资源,提升其学习体验。其三,智能导学。智能导学是借助网络平台收集学生个人数据,帮助学生制定学习计划,通过互动提供给学生学习反馈和评估的辅助学习智能系统,将其引入高校思政课,从而丰富了传统的教学方式,提升了学生的学习体验感,增加了学习的自由度和乐趣。

在教学媒体上,人工智能的融入丰富了传统的教学内容表现形式,在实物、口头语言、图表、图像、动画等传统教学媒体的基础上,引入了人工智能技术支撑的新媒体。例如,智能教学系统的应用、教学机器人的出场等,将极大提升教学效率，增强教学效果。

总的来说，人工智能融入高校思政课，要实现教学过程的数字化与智能化发展，即不断推进人工智能融入教学内容、教学方式方法及教学媒体等，

致使高校思政课趋向数字化与智能化发展。

三、实现高校思政课学生多样化与个性化发展

马克思、恩格斯认为，人是一个特殊的个体，并且正是他的特殊性使他成为一个个体，成为一个现实的、单个的社会存在物。每个个体都有其特殊性和独特性，关注个体的特殊性，尊重个体差异具有必然性，若是忽视个体差异，将“人”看作“平均的人”，那么就会失去“人本”的根本立场。高校思政课是以“人”为作用对象的科学，它关注人的个体差异，具有人文情怀。在人工智能融入高校思政课的背景下，数据挖掘、机器学习算法等人工智能技术能够更广泛地收集数据，描绘出学生的特殊性，有助于实现高校思政课多样化与个性化发展。

（一）推动学生的多样化发展

学生的多样化发展可以简单理解为学生的发展机会、发展方向的丰富化。在人工智能融入高校思政课的背景下，实现学生的多样化发展是发展目标。

在人工智能融入高校思政课的背景下，推动学生的多样化发展，这既符合高校思政课学科发展要求，顺应人的成长成才规律，又因为人工智能技术的介入而具有现实可能性。具体而言：其一，推动学生的多样化发展符合高校思政课学科的发展要求。高校思政课的最终目的指向“人的全面发展和社会的文明进步”，而学生趋向多样化发展正是“人的全面发展”的题中之义。其二，推动学生的多样化发展顺应人的成长成才规律。在外部环境、教育、实践活动的影响下，学生从单一化发展向多样化发展转化，这与人的成长成才规律相统一。其三，人工智能技术的融入使学生多样化发展的目标

具有现实可能性,人工智能技术的广泛应用深刻影响着高校思政课的内容、机制、方式方法等,有利于促进传统教学模式的更新、教学内容的创新,有利于教师团队的智能化发展和教育资源的深度开发。而这些变化为实现学生的多样化发展创造了一个好的环境。总而言之,人工智能时代,实现学生的多样化发展是具有现实依据和客观可能性的。

数据、算法和算力被誉为人工智能的三大基石。数据是人工智能的基础,它为人工智能提供学习和改进所需的信息。算法则是依据数据进行设计和编程的一套规则和方法,使机器能够从数据中学习并进行自我优化。算力即计算能力,它支撑着人工智能的数据处理和运算。这三个要素相互依赖,共同推动着人工智能技术的发展和应用,推动了高校思政课领域的革新,推动着学生的多样化发展。就大数据而言,它相比于传统数据具有数据规模更大、处理速度更快、数据类型更多样和价值密度更低等特征。这些特征使得大数据分析能够更精准地预测趋势、发现模式、识别异常和优化决策,从而带来更大的应用价值。人工智能时代,通过大数据就可以推动学生的多样化发展。例如,借助大数据技术可以获取学生的兴趣爱好、性格特点、能力状况等数据信息,从而判定出学生的偏好情况,再利用算法推荐将相关情况推送给学生,在此过程中,学生获得了更多相关讯息,拥有了多样化发展的机会。智能算法是学生实现多样化发展与个性化发展的强大助力,智能算法向学生推荐更多个人偏好相关的内容,就是在践行学生个性化发展的目标,而算法推送的其他内容也有利于实现学生的多样化发展。就算力来说,强算力是人工智能的核心驱动力,强算力的应用可以实现人、信息、教育方式间的高度匹配,帮助高校思政课教师及时调整教学策略,制定出与学生多样化发展趋势相一致的方案。

(二)推动学生的个性化发展

在人工智能融入高校思政课的背景下,推动学生的个性化发展是发展目标,也是必然趋势。学生个性化发展是指在高校思政课过程中,充分尊重个体差异,尊重学生的多样化个性,以符合学生个性特点的形式、方法开展教育活动，以充分调动学生的积极性、主动性与创造性。由于学生具有实现自我提升、自我成长的需要，高校思政课具有增强实效性的需要，推动学生的个性化发展具有必要性。同时，人工智能为高校思政课赋能，为高校思政课个性化发展注入智能化、数据化、精确化因素，助推学生的个性化发展。

1. 人工智能融合运用到高校思政课中，可以更好地推动个性化教育的实现，帮助学生获得更加个性化的发展。人工智能技术的智能性是其最基本的特性，人工智能技术的智能化程度深刻地影响着高校思政课的实效。教师需要面向具有不同性格特点和发展需求的学生，需要处理教学过程中产生的各式各样的问题，若想在这种情况下实现学生的个性化发展，仅凭借教师的能力是不够的，需要人工智能的智能技术予以支撑，如应用智能机器。智能机器是类似于人脑结构的人工智能技术，具有较强大的自主学习能力、认知能力、推理能力等，能够及时收集、记录学生的数据信息并加以分析，能够对学生的个人偏好等数据进行整合与及时反馈，以便教师做好教学调整工作，开启差异化、个性化教学。因此，人工智能的智能化能够助推学生的个性化发展。

2. 人工智能融入高校思政课，以数据化助推学生的个性化发展。传统的高校思政课模式具有知识与价值供给的“大水漫灌”式特点，这种教育方式在一定程度上忽视学生的差异与区别，难以增强高校思政课实效。人工智能融入高校思政课后以数据化助推学生的个性化发展，改变了传统的高校思政课模式，即由“大水漫灌”向“精准滴灌”转化。数据、算法和人工智能技术是密不可分的。数据为人工智能提供学习的基础，算法则是对数据进行处理和分析的工具，而人工智能技术则是将数据和算法结合起来实现智能化应用的技术体系。借助人工智能技术，高校思政课教师可以通过智能机器对学生学习、生活、工作等方面的数据进行收集与分析，抑或对学生心理、情感、偏好等行为方面的数据全方位收集整合，从而精细地刻画出学生的“心理画像”，准确把握学生的个体特征和心理需求，制定出适合不同学生特点的个性化的发展方案。对于高校思政课教师而言，仅仅凭借个人的力量收集并分析来自不同学生的海量数据信息是一件难度很高的事情，而人工智能的数据技术可以解决这个难题，可以说，人工智能的数据技术能够助推学生的个性化发展。

3.人工智能融入高校思政课，以精确化助推学生的个性化发展。人工智能的发展基石是大数据和算法，基于人工智能技术得出的结果具有一定的科学性和精确性。在人工智能融入高校思政课的背景下，通过对海量数据的收集整理，教师可以精确地掌握学生个体特征和思想动态，制定与调适具有差异化、个性化的教学方案，从而因人定策，并精准投放教育资源，进而取得良好的个性化教育实效。同时，在人工智能技术辅助下，数据的收集、记录与追踪是一项长期任务，能够覆盖学生学习的全过程，教师可以通过对比学生在学习全过程中的新老数据，及时发现不同学生个体在学习全过程中存在的问题，从而及时更正、制定更符合不同学生特点的个性化学习计划。而这一切都建立在数据分析结果反馈精确化的基础上，照此，人工智能技术的精确化能够助推学生的个性化发展。

四、实现高校思政课反馈精准化与系统化发展

反馈是控制论中的概念，应用到高校思政课领域，主要是指教师收集和掌握教育对象受教育后作出反应的过程。高校思政课中的反馈是与评估互为补充的概念，但与需要充分调动人的主观能动性的评估过程相比，高校思政课的反馈更注重先进的科学技术的支撑。人工智能融入高校思政课后，实现高校思政课反馈精准化与系统化发展成为目标指向之一。

（一）实现高校思政课反馈的精准化发展

反馈的精准化发展可以理解为，人工智能融入高校思政课后，深刻影响着高校思政课过程，智能技术的广泛应用使高校思政课反馈信息的搜集精确化、反馈信息的传递高效化、反馈信息的整合智能化，等等。因此，人工智能技术迅猛发展的今日，要将高校思政课反馈的精准化为目标指向，就要从反馈信息搜索、反馈信息传递、反馈信息整合等方面加以考虑。

1. 人工智能融入高校思政课后,高校思政课反馈信息的搜集精确化。反馈信息的搜集是高校思政课信息反馈过程的首要环节,在高校思政课计划实施过程中,随时都可能发生一些新的情况,需要及时地进行信息搜集工作,而搜集的内容将反馈到高校思政课教师处,以便其对高校思政课计划的实施进行纠偏。基于此,反馈信息的搜集内容需要真实有效、全面且有重点。人工智能技术应用于高校思政课反馈中,数据技术能够及时收集、捕捉、记录并分析有关信息,智能算法能够迅速筛选有用信息,大幅提升了反馈信息搜集工作的精准度,令反馈信息的内容具有针对性、适配性、有效性。因此,人工智能的融入能够实现高校思政课反馈信息的搜集精确化。

2. 人工智能融入高校思政课后,高校思政课反馈信息的传递高效化。反馈信息搜集完成后要迅速传递给决策部门,若传递的速度不够、效率低下,那么反馈信息中捕捉到的新问题将有可能成为一个老问题,甚至已经不再存在。而此时,反馈信息的传递将是个无效传递,不但未能解决问题,还浪费了反馈信息传递的时间。若传递的速度迟缓,将导致问题无法被及时解决,有可能会造成一定损失。人工智能的融入将降低反馈传递风险,智能技术能够快速获取信息,完成信息的筛选工作,甚至可以按照紧急程度为反馈信息的传递排序,令反馈传递过程高效透明,减少误传、漏传的情况和资源浪费风险。

3. 人工智能融入高校思政课后,高校思政课反馈信息的整合智能化。反馈信息的传递工作完成后,还要对信息再进行集中的筛选和整合。一方面将反馈信息分流,将重要紧急的信息及时反馈给决策方,对相对次要的信息就考虑分流给其他部门,以减少数据压力,提高反馈效率;另一方面要合理控制反馈量,筛选重复信息,把握正反馈信息和负反馈信息数量,既要及时反馈问题,又不能反馈重复问题,不能全部反馈负面信息,以免影响高校思政课进度。针对反馈信息整合过程中的问题,人工智能技术能够在很大程度上予以帮助。例如,将智能机器应用于反馈信息整合,以智能化程序和精准算法判断信息的时效性、重复性等情况,降低反馈压力,辅助高校思政课反馈信息的整合工作顺利完成。

总之，综合上述三个方面的情况，人工智能的引入将深刻改变高校思政课的反馈工作，从而推动反馈信息的精准化发展。

(二)推动高校思政课反馈的系统化发展

系统化发展是整体性、系统性思维指导下的结果。人工智能融入高校思政课后，强调高校思政课反馈的系统化发展就是要理顺高校思政课反馈过程中的一些关系，以及理顺高校思政课中反馈环节和其他教育环节之间的联系和区别。

1. 理顺高校思政课反馈过程中的一些关系。反馈是高校思政课过程中的重要环节，高校思政课反馈过程主要包括反馈信息的搜集、反馈信息的传递、反馈信息的整合及二次反馈。人工智能融入高校思政课后，强调高校思政课反馈的系统化发展指向高校思政课反馈过程中的一些关系的理顺。反馈过程中的每一个环节环环相扣，各有侧重，但也存在相互冲突、彼此矛盾的情况。例如，搜集到的反馈信息通过传递后重复出现，导致整合环节压力陡升，或者部分反馈信息经过传递过程后消失不见，等等。而人工智能技术的深入融合可以有效解决矛盾与冲突问题，减少不必要的资源损耗，使反馈过程中的每一个环节间的关系趋向契合与顺滑，并以其数据、算法、算力上的优势不断提升信息反馈效率，助力高校思政课反馈的系统化发展得以实现。

2. 理顺高校思政课反馈与其他高校思政课环节的关系。如评估与反馈的关系、教学与反馈的关系，等等。实际上，若想顺利地开展一项高校思政课活动，高校思政课中的每一个环节都十分重要，每一个环节的侧重点不同，但是缺一不可。高校思政课反馈就是高校思政课中不可或缺的环节，通过信息的真实反馈，我们才有可能知晓高校思政课活动的实际效果。评估与反馈均为高校思政课中的末端环节，二者侧重不同又相辅相成，评估结果只有通过信息反馈过程才能够到达决策方。依据现实情况来说，高校思政课反馈与其他高校思政课环节间可能存在信息不透明、衔接不顺畅等问题，但是,智能技术的介入将在很大程度上改善这种状况,数字化、智能化意味着高效和便捷,人工智能技术或许可以像黏合剂和润滑剂一般,使高校思政课反馈与其他高校思政课环节间的关系变得更加融洽。

总的来说,人工智能时代,智能技术的发展将助力高校思政课反馈系统化发展目标的实现。

第三节 人工智能融入高校思政课的基本原则

一、主体性原则

主体性原则是人工智能融入高校思政课最基本的原则,是关乎人工智能与高校思政课耦合关系的深入讨论。

(一)主体性原则的内涵与特点

高校思政课所强调的主体性是指在开展高校思政课实践活动的过程中,应当尊重学生的主体地位,既充分发挥教师的主导作用,又充分调动学生的主观能动性、积极性与创造性,以顺利达成高校思政课目标。在高校思政课过程中,教师通过高校思政课过程对学生施加教育影响,教师就是教育主体,学生就是教育客体,但教育的主客体关系并非绝对,如当学生进行自我教育的情况下,学生在某种意义上也是教育主体。习近平总书记在全国高校思想政治工作会议上指出,“思想政治工作从根本上说是做人的工作,必须围绕学生、关照学生、服务学生”,由此可以看出,学生在高校思政课中尤其重要,学生接受教育影响的程度直接影响着高校思政课效果。因此,高校思政课的主体性主要围绕学生展开讨论,注重发挥其主观能动性。

主体性是高校思政课的生命线:其一,坚持高校思政课的主体性是由我国广大人民群众的主人翁地位决定的。我国广大人民群众是历史的创造者，占据主人翁地位，但广大人民群众只有接受教育，才有可能在先进思想的指导下顺利开展一系列推动社会发展的实践活动。基于此，广大人民群众中具有知识素养的人有必要对其他知识素养欠缺的人进行教育，而高校思政课包含在诸多的教育内容之中。实质上，这种教育仍是人民群众自己教育自己的活动，彰显着人民群众的主体性。从这个意义上来讲，我国开展高校思政课必须尊重人民群众的地位和价值，发挥人民群众的主观能动性。其二，坚持高校思政课的主体性是适应社会大环境变化的内在要求。社会大环境发生深刻变化，人们的思想观念、思维方式等趋向多元、多样化，人们的自我意识逐渐觉醒，人们了解世界的渠道更加广泛，在此形势下，学生不再是绝对的教育客体，教师与学生间开启双向交流模式，传统的以单向灌输施加教育影响的方式已经过时。因此，这就要求高校思政课要充分调动学生自我教育、自我提升的积极性。其三，坚持高校思政课的主体性是高校思政课学科发展的内在要求。高校思政课过程是教育主客体间相互交流、沟通、施加教育影响的过程。高校思政课的主体性体现在教育主体充分发挥主导作用，教育客体充分发挥主观能动性。这二者相辅相成，方能达成高校思政课的目标，从而促使高校思政课学科不断发展。因此，坚持高校思政课的主体性是学科持续发展的内在要求和必然选择。

人工智能融入高校思政课背景下确立的主体性原则是指在教育过程中，以学生为主体，教师为主导，人工智能技术为辅助手段，实现个性化、智能化的教育，同时促使受教育成员之间形成互相教育、互帮互助的良好氛围。人工智能时代，智能技术迅速革新，呈现出强烈的类人属性，这在一定程度上解放了人们的劳动，提升了人们社会生活的效率和幸福感。但是从某种意义上来说，当人工智能的类人属性不断强化，甚至在某些方面具有超越人类思维的能力时，就可能会对人们的传统生活状态产生冲击，弱化人的存在。基于此，在人工智能融入高校思政课后，主体性原则成为基础原则。

深入理解人工智能融入高校思政课的主体性原则，可以大致从两个方面着手：一方面，人工智能融入高校思政课后，教师要坚守主体职责，发挥主导作用。面对高校思政课中存在的深度学习、代码驱动、数据输出等智能逻辑，教师在善用人工智能技术的同时要对自身的角色定位有着清醒认知，勇于承担职业责任，充分发挥自己的主导作用，保障自身在高校思政课各环节、全过程的在场，避免陷入人工智能技术制造的虚幻陷阱。另一方面，人工智能融入高校思政课后，学生要保持主体能力。学生是自我教育的主体，应当具有一定的自我教育能力和主观能动性。通常，人工智能技术会以强烈的类人属性、海量的数据及精准的算法获得学生的信赖，而学生一旦将自我教育的过程完全交付给人工智能，其主体能力就会面临被消解的危机。因此，学生要摆脱技术依赖，不断加强思想政治理论方面的学习，积极参与各类培训和实践活动，在此过程中正确地认识自我、评估自我、调试自我并规范自我，从而不断培养自身的主体能力，增强自我教育的主动性和自觉性。

人工智能融入高校思政课的主体性原则具有鲜明的科学性与针对性：首先，人工智能融入高校思政课的主体性原则具有科学性。主体性原则本身就是高校思政课的基本原则，主体性原则的提出是由广大人民群众的主人翁地位决定的，是适应社会大环境变化的内在要求，是高校思政课学科发展的内在要求，它的确立具有科学性。而人工智能融入高校思政课下确立的主体性原则是高校思政课主体性原则的升级与强化，其确立同样具备科学性。其次，人工智能融入高校思政课的主体性原则具有针对性。人工智能的融入难以避免地为高校思政课带来风险，主体性原则的确立就是为了最大限度地解决因技术滥用、技术依赖、技术异化等原因导致的主体性危机，因此，主体性原则具有鲜明的针对性。

（二）主体性原则确立的现实依据

技术改变生活，人工智能技术的迅速发展在一定程度上改变了人们的社会生活状态，高效、便捷、智能等词汇一时间成为人工智能技术的代名词，技术发展带来的“红利”令人们沉迷其中。但是，以海量数据与算法为基石的人工智能技术在快速发展的同时必然带来伦理风险，特别是在人工智能融入高校思政课中的教师和学生，引发了主体性危机。基于此，人工智能融入高校思政课的主体性原则得以确立。

人工智能技术本身存在的不确定性和复杂性引发了人工智能融入高校思政课后的主体性危机。

第一，人工智能的“类人性”不断强化，引发高校思政课中的主体性危机。“一切技术都是身体和神经系统增加力量和速度的延伸”，随着人工智能技术的升级与革新，技术的“类人性”特征越发显著，人工智能逐渐从人们的工具转变为一个“人类角色”。从现实状况来看，人工智能已然可以代替人们从事一些简单重复的劳动，这虽然在一定程度上实现了人们的劳动解放，但也仅仅只是短暂的“红利”。未来，人工智能将有可能从事更多的人类劳动，而当人工智能的应用范围超过正常限度，人的主动性、创造能力、自我评判能力等将会被弱化。甚至，在某些方面，人工智能已经具有超越人类思维的水平。总之，人工智能俨然成为“类主体”，人与人工智能之间的关系由人与物的关系转化为某种“共生”关系。基于此，人工智能广泛应用于高校思政课领域时，人工智能的工具性弱化而逐渐成为“教学代理”，导致高校思政课教师的主导作用被消解。

第二，人工智能技术依赖在一定程度上消解高校思政课的主体性。人工智能时代，大数据等技术在高校思政课领域得到广泛应用。由于人工智能存在技术优势，人工智能融入高校思政课后的高校思政课主客体、高校思政课过程有可能存在人工智能技术依赖问题，而人工智能技术依赖在一定程度上消解高校思政课的主体性，引发主体性危机。具体而言：一方面，技术依赖弱化了教师的主导作用。高校思政课教师一旦陷入“技术至上”的陷阱、沉溺于人工智能技术制造的虚幻场景中，就会忽视现实生活中学生的真正的需求、弱化教师身份和职责。另一方面，技术依赖消解了学生的主体能力。高校思政课对象一旦沉溺于人工智能技术带来的高效、智能体验，就会将对自我的规划、提升与发展托管给机器，长此以往，学生很可能会丧失自我教育的内在驱动力和积极性，异化为人工智能时代的“数据人”，这是对学生主体能力的严重消解。

二、隐私保护原则

（一）隐私保护原则的内涵与特点

“概念永远先于理解”，明晰相关概念是认识“隐私保护原则”的起点。《辞海》中言明，隐私是指隐秘的事情与不可告人的事情。从法理层面来讲，隐私也可被定义为已经发生了的符合道德规范、具有正当性但不愿或不能示于人前的物品、事情或心理状况。隐私是客观的，隐私的内容是客观存在的，不以他人的观点或意见为转移，同时，隐私是个人的自然权利，是发生在个人领域的不可被剥夺的事物。由于隐私往往与个人领域中的个人信息紧密相连而与公共利益无甚相关，隐私需要得到他人、社会的尊重与保护。《世界人权宣言》中明确指出，“任何人的私生活、家庭、住宅和通信不得任意干涉，他的荣誉和名誉不得加以攻击”。侵犯他人隐私是不合理且不道德的行为，严重侵犯他人隐私的行为将会遭受公序良俗的审问及法律的审判。因此，隐私保护尤为重要。人工智能时代，个人的隐私保护状况受到很大挑战，先进技术为人们带来便捷、智能的社会生活的同时也带来了隐私泄露的风险。基于此，在人工智能融入社会生活的方方面面之时要以“隐私保护”为基本原则，凝聚大众尊重隐私与保护隐私的共识，设置隐私保护红线，最大限度消弭技术弊端。人工智能时代的“隐私保护原则”主张，人们应该有权利存取、管理和控制智能机器产生的数据，以确保机器不会向任何未经授权的个人或企业提供用户信息。2019年6月，我国新一代人工智能治理专业委员会发布《新一代人工智能治理原则——发展负责任的人工智能》，其中明确指出，人工智能发展应尊重和保护个人隐私，充分保障个人的知情权和选择权。也就是说，隐私保护原则应贯穿于数据收集和使用全过程，贯穿于人工智能算法和研发的全过程，要在最大限度上保护个人数据安全，保障数据所有者的知情权、选择权与控制权。

人工智能融入高校思政课背景下的隐私保护原则可以理解为：在人工智能技术广泛应用于高校思政课的各个环节、渗透于高校思政课的各个方面的情况下，要引导技术向善，规避技术风险，从高校思政课的全过程保障数据的安全性和可靠性，确保教育主客体对数据的知情权、选择权和控制权，在最大限度上保护人们的隐私。人工智能时代，万物智联，信息的透明化使每个人如同“透明人”一般存在着，处于高校思政课过程中的教育主体和客体更是如此。人工智能融入高校思政课，技术为其带来高效、智能等福利的同时也必然会产生隐私泄露的隐患。基于此，坚守人工智能融入高校思政课的隐私保护原则具有合理性和必然性。从保护高校思政课教师与学生的隐私层面理解，可以从三个方面来诠释何谓隐私保护原则：一是保障好高校思政课教师与学生的知情权。2022年3月1日，由国家互联网信息办公室、工业和信息化部、公安部、国家市场监督管理总局联合发布的《互联网信息服务算法推荐管理规定》（以下简称《规定》）正式实施，《规定》明确提出，要保障用户的算法知情权。人工智能融入高校思政课后，有必要及时告知教师与学生关于人工智能算法、研发与应用的基本情况、意图及主要运行方式等，使其在应用人工智能技术的时候明确了解个人信息及数据被收集、使用的情况。二是保障好高校思政课教师与学生的选择权。在面对海量的数据信息和学习资源时，要把选择权真正地交给高校思政课教师与学生，基于算法分析生成的个性化学习资源虽有一定的科学依据，然而算法决策的结果有可能使教师与学生产生依赖感，丧失主动创造性，也有可能因算法的精准度不足而出现结果上的偏颇，造成教育过程的不公平现象，因此有必要保障教师和学生的选择权。三是保障好高校思政课教师与学生的控制权。除了要保障教师与学生的知情权与选择权外，还要保障好他们的控制权，使其拥有完全控制个人数据及信息的权利，如在个人信息出现错漏时，教师或学生能够对其进行修正。

在人工智能融入高校思政课后，其主张的隐私保护原则彰显出鲜明特点和指向，突出表现为实践性、问题性和目标性。具体而言：其一，人工智能融入高校思政课后的隐私保护原则具有实践性。基于人工智能融入高校思政课的实践样态，众多学者提出要在实践中坚守隐私保护原则，预防实践过程中可能生成的隐私泄漏风险。在隐私保护原则的指导下，人们在探索人工智能与高校思政课的融合实践之余，将更注重保护教师或学生的隐私安全，也将对以何种措施来保护用户隐私这个问题展开更深入的思考和探索。同时，隐私保护原则的出发点是引导技术向善，以更好地助推人工智能与高校思政课的良性融合，所以，隐私保护原则的践行必然能够经受实践的考验。其二，人工智能融入高校思政课下的隐私保护原则具备问题导向。以现实生活中存在的真实问题为抓手，始终遵循着发现客观问题、分析并解决问题的逻辑理路，人工智能融入高校思政课下的隐私保护原则被提出，而隐私保护原则最终落脚于隐私泄露问题的解决。其三，人工智能融入高校思政课的隐私保护原则具备目标导向。个人隐私安全方面的隐患原本就是人工智能技术发展附加的伦理风险，在人工智能深度融合高校思政课领域时，技术发展的弊端也充分显露，教师与学生不可避免地面临着隐私泄露的问题，因此，倡导坚守隐私保护原则是推进人工智能与高校思政课融合发展的必然选择。值得注意的是，坚守隐私保护原则并非一句口号，而是在保护隐私安全目标下开展的一系列强有力的具体措施或行动，同时要求人们自觉以隐私保护原则为目标指引，进一步理顺融合发展思路，切实规避融入过程中可能生成的隐私泄漏风险。

（二）隐私保护原则确立的现实依据

人工智能深刻改变世界，渗透人类社会生活的各个领域，但需要注意的是，它的广泛应用造成了全方位的伦理影响和风险，尤为显著的就是隐私泄漏风险。在人工智能与高校思政课融合发展的进程中同样存在着隐私安全问题，不利于人工智能融入高校思政课后的良性发展。因此，这就要求必须在人工智能融入高校思政课的过程中确立隐私保护原则。

人工智能融入高校思政课过程中的隐私安全问题频发。人工智能可以被简单理解为基于大数据和云算法的智能行为系统，大数据算法是人工智能的内核,海量的信息数据是人工智能顺利运行并不断得以发展的“精神食粮”。人工智能若想充分发挥其智能性,首要工作就是收集和存储大量的信息数据,信息数据越丰富,人工智能应用范围越宽广、运行越顺畅,在高校思政课领域也是如此。人工智能深度融合高校思政课,需要获取、存储、分析大量的个人信息数据,大数据的应用为高校思政课的创新发展提供着深厚的技术支持,同时也在不断地挤压着个人的隐私空间。再加上大众对教育信息、数据的开放共享具有强烈期盼,因此,人工智能深度融入高校思政课的隐私安全问题难以避免。依据现实状况,隐私安全问题主要存在于两个过程,即数据收集过程与数据应用过程。

从数据收集上来看:一是教育数据具有一定的开放性趋势和共享性趋向,人工智能技术的应用又需要多次获取高校思政课过程中的数据信息并对其展开分析,在此过程中,信息和数据逐渐透明化和公开化,高校思政课教师与学生的个人信息、私人数据有可能暴露于大众视野,从而导致师生的个人隐私遭受严重侵害,这是对数据安全的极大挑战;二是人工智能技术被广泛应用于高校思政课过程,在实际教学活动中,教师为增强高校思政课的实效性,常采用深度学习、数据挖掘等技术对学生的数据信息进行监控、管理与评估,在此过程中难以完全避免隐私泄露的风险。而一旦学生的个人数据和信息被不法分子滥用、篡改,将会直接影响到个人权益。

从数据应用上来看,数据应用的载体层出不穷,数据应用的场域不断变化等,都很可能造成个人隐私安全问题。具体而言:其一,近年来,智能系统在教学中得到广泛应用。这些智能系统功能丰富,既可以记录高校思政课教师与学生的个人信息,如指纹、掌纹、声音、面容等生理特征,也可以完成对学生的学习环境监控与学习行为追踪,部分智能设备还能够通过记录个人运动数据,实时监控个人身体健康状况。这些智能系统作为教学工具本就记录着大量的私人信息和个人数据,如果智能系统中尚未开发或启动隐私保护的相关程序,那么就有可能会发生隐私泄露的风险。其二,人工智能的融入使数据应用场域趋向丰富化,个人数据和信息出现的场域趋向复杂多样化，这在一定意义上削弱了个人对自身隐私数据的控制权，不利于个人隐私安全的保护。

此外，客观来讲，社会大众尚未完全形成尊重与保护个人隐私的共识，人们对于尊重与保护他人隐私的意识还尚显淡薄。对于人工智能融入高校思政课后可能存在的种种隐私安全风险，教师与学生的预防意识不到位，认识不足。同时，个人隐私保护的外部保障力量还有待提升。例如，为保护个人隐私信息，我国颁布了相关法律法规，但人工智能的融入扩展了数据采集的广度和数据应用的限度，而关于数据采集和数据应用界限的法律法规还有待补充和细化。这些现实状况倒逼着隐私保护原则的确立。

总的来说，人工智能的融入带给高校思政课很大变化，人工智能的伦理风险在高校思政课领域更具体化和具有针对性。在两者深度融合的过程中，隐私泄漏风险成为隐私保护原则确立最深厚的现实依据，而隐私保护意识淡薄、隐私保护的外部保障力量不足等情况也倒逼着人工智能融入高校思政课下的隐私保护原则的确立。

三、责任倒追原则

责任倒追原则是指人工智能融入高校思政课出现伦理、道德、法律等问题时，做到有规可依、有责可追、有责可负的重要保障原则。

（一）责任倒追原则的内涵与特点

人工智能技术的迅猛发展及其在高校思政课等社会各领域的广泛应用，带来了新的机遇和一系列风险挑战。如何对这些风险挑战进行治理，成为人们不得不认真思考的重要问题。从治理的角度来看，将技术或某些行为所引发的责任分配给人类主体，采取责任倒追的方式加以克服。

中华民族自古以来就是一个强调责任、注重责任的民族。从字面上来看，责任主要指一个人该做和不应该做的事情。《新唐书·王珪薛收等传赞》中指出："观太宗之责任也，谋斯从，言斯听，才斯奋，洞然不疑。"考察其内涵，主要包含两个层面的意思：一是表现为对物、对人、对社会、对自己的义务，如传统文化中所强调的“天下兴亡，匹夫有责”“位卑未敢忘忧国，事定犹须待阖棺”皆是对这一含义的表达，当然这都是从国家层面所强调的义务。二是表现为对过失的承担。违反法律，就要承担法律责任；有违道德，就要承担道德审判；打破规则，就要承担规则义务。而责任倒追，更多是从历时性上来讲的。在事情发生、发展的过程中，一定的主体未能做好应尽的义务，因过失并导致了一定的后果，相关部门在事后对这些主体的行为进行判断并进行归责和处罚，即责任倒追。近年来，责任倒追这一原则广泛在法学界内谈起，如全国倒查30年来“减假暂”案件，强调对涉嫌违纪违法的官员依规依纪依法追究责任。

人工智能融入高校思政课所要坚持的责任倒追，无外乎对人工智能融入高校思政课过程中的过失行为主体进行责任追究，这是构建管理责任机制的核心要件，主要体现为“谁来查”“倒查谁”“怎么查”的问题。从本质上来看，“倒查谁”是最为根本的问题。2019年6月17日，国家新一代人工智能治理专业委员会发布《新一代人工智能治理原则——发展负责任的人工智能》。这里的“负责任”主体，主要是人工智能研发者、使用者和管理者等其他相关方。具体而言，人工智能融入高校思政课的责任倒追原则，就是在二者融合中，对相关主体违反法律法规、伦理道德和标准规范，利用人工智能进行非法活动的行为进行追究。例如，研发者设计“后门”，非法收集和上传非权限所有的信息；使用者（教师）在未征得个人同意时，收集、存储、处理、使用个人信息。这些都是倒查的内容。

人工智能融入高校思政课所要坚持的责任倒追原则，突出表现为以下三个特征：一是突出问题导向。对相关责任主体的责任追究，大体上遵循了事物发生、发展的过程与程序，在特定时间点发现问题后，以问题为导向追究相关主体的责任。二是突出全面从严。“倒追”，顾名思义，大抵在事后对相关责任进行厘定，不管事情过去多久，过失大小，只要出现问题，就要进行处理，凸显了“严”字当头，能在一定程度上倒逼相关主体严格遵守相关法律法规和道德规范。三是突出责任意识。确立责任倒追原则，并不是单纯为了主观上追究人工智能融入高校思政课过程犯有失误的主体的责任，更多的是明确各类责任主体、责任主体的责任，增强各类主体的责任，更好地推进人工智能与高校思政课的融合。

（二）责任倒追原则确立的现实依据

责任倒追原则的确立源于对人工智能融入高校思政课实践的认识，目的在于确保实践活动沿着正确的轨道运行。人工智能是人类所创造的技术产品、本质上是各种先进技术的集合体。作为技术工具，无论人工智能在外形、能力等方面无限接近甚至超越人类，但其不具备独立意识，始终与自然人存在本质区别。而没有独立意识的人工智能，在道德伦理领域、法律领域等都不能成为责任主体，这就使得人工智能在融入高校思政课过程中所带来的伦理问题、道德问题、法律问题等存在责任主体不明确、主体责任边界模糊、责任履行不到位等问题，这些现实问题要求在人工智能融入高校思政课过程中要确立责任倒追原则，以问责倒逼人工智能融入高校思政课各环节的行为主体担责尽责。

1.责任主体不明确。需要确立责任倒追原则，以依据事实和造成的后果，实事求是地确定和追究责任。在人工智能时代，机器人不仅可以参与学生的高校思政课全过程，为学生答疑解惑，同时，它还可以参与学生的日常生活，陪伴学生成长成才。毋庸置疑，人工智能的参与，不仅使高校思政课的教师和学生从原来的重复性、标准化教学活动中解放出来，同时个性化教学还极大地提高了教与学的质量和效果。尽管如此，过度依赖人工智能完成高校思政课会带来很多难以解决的问题。比如，人工智能赋能高校思政课依赖于算力、数据、算法三大基础，人工智能的算法运作过程由系统内部相应程序完成，高校思政课教师只能被动接受人工智能给出的算法决策结果，而不清楚人工智能这一决策结果依据的是哪些数据基础、采用的是何种运算方法和程序等。一旦某个环节出现问题，人工智能给出的不准确结果会给高校思政课的运行带来不良影响，那么事故的责任应该由谁来负责呢？是责怪人工智能设计者程序有问题，责怪高校思政课教师没有主动发现问题的自觉意识，责怪机器人运作失误，责怪一方行为主体责任，还是追究多方行为主体责任呢？在面对责任主体界定困难时，责任倒追原则的确立可以依据事实向多行为主体层层问责，将相应问题的主体责任落到实处。

2. 主体责任边界模糊。需要确立责任倒追原则，确保人工智能融入高校思政课不缺位、不越位。目前，人工智能尚处于弱人工智能发展阶段，人工智能与高校思政课领域的融合也处于探索阶段。因此，在人工智能融入高校思政课过程中，许多相应的规章制度、法律体系等都尚未建立，导致行为主体之间职责不清，存在缺位、越位等现象，以至于当问题出现时，行为主体之间责任难以界定。而责任倒追原则坚持“谁主管谁负责”，人工智能的程序以及设计所引发的问题理应由设计者承担责任，在数据采集、管理、分享等环节引发的问题由相应主体承担责任。此外存在一些特殊情况，如陪伴型机器人所引发的一些伦理问题等。陪伴型机器人设计的初衷是为人提供心理安慰和情感关怀，但最终可能导致人的思想情感的“异化”，产生了伦理道德问题。虽然这些伦理道德的产生是因为人的情感和价值取向发生了改变，对自然人与机器人的关系处理超出了理性范畴，但是如果人工智能不存在，也就不会引发相关的伦理道德问题。因此，在这种情况下人工智能看似没有问题却仍引发了问题。然而人工智能不具备独立意识，不能成为责任主体。那么，针对这种类似的问题，就必须坚持责任倒追原则，明确追责的内容、范围、方式、标准、机制等。就人工智能融入高校思政课来说，要对人工智能设计者、使用者以及机器本身的职责做明确的规定，依据客观事实界定，追究行为主体的直接责任或间接责任，从而更有效地解决问题。

3. 责任履行不到位。需要确立责任倒追原则，倒逼行为主体常态履责。人工智能技术尚未完全成熟，同时人工智能也并非万能，高校思政课活动的开展不能过分依赖人工智能技术。高校思政课本就是关于人的发展的实践活动，关乎青少年的成长成才和人的自由全面发展。人工智能在教学中对某一问题的误判对于教育活动、学生来说影响不大，但是如若是对学生在教学规划、成长规划等中出现了误判，将会给学生带来不可磨灭的影响。因此,在人工智能融入高校思政课过程中要确立责任倒追原则,设立责任清单,明确人工智能技术的设计者、管理者、使用者要积极承担自身相应的责任和义务,防范和避免类似情况的发生。责任倒追原则,不仅仅是要问责当事人,同时还要坚持"谁主管,谁终身负责"以及坚持责任连坐。换言之,当发现人工智能应用于高校思政课存在问题时,不论这个问题是何时发生的,相关行为主体都要担负责任。同时,不仅要追究行为主体的责任,还要追究相关负责人的连带责任,这确保了行为主体之间相互监督、常态履职,为人工智能有效融入高校思政课提供了支撑和保障。

第三章 人工智能融入高校思政课面临的困境

第一节 人工智能融入高校思政课的意识与理念困境

自人工智能诞生以来，人工智能技术已经取得了巨大的进步，并逐步开发应用于各个领域。人工智能融入高校思政课领域，是新时代下加速高校思政课转型升级的必然选择。人工智能赋能高校思政课，更新了传统高校思政课的教学思维与方法，要求高校思政课教师具备人工智能思维。然而，在人工智能与高校思政课实际融合的过程中，高校思政课教师的思维更新速度跟不上更新要求。在认识论层面，即在“知、情、意、行”方面对人工智能融入高校思政课存在一定的思维困境。高校思政课教师，即高校思政课活动的参与者，包括高校思政课的教师和学生两大活动主体，作为人工智能融入高校思政课的关键主体，其思想困境将极大地影响整个人工智能与高校思政课的融合效果。因此，必须对高校思政课教师的思维困境加以厘清和破解。

高校思政课教师对人工智能融入的认知困境是指高校思政课教师对人工智能融入高校思政课在思想认识上存在诸多不足之处，包括对人工智能的本质特征认识和掌握不足，对人工智能融入高校思政课的重要性认识不足，对人工智能融入高校思政课的机理、过程和程度认识不足。

一、人工智能融入高校思政课的认知困境

(一)高校思政课教师对人工智能的本质特征认识和掌握不足

人工智能是以计算机为基础,以大数据、深度学习和强算力为基石的,着力于“模拟、延伸和扩展人的智能的理论、方法、技术及应用系统的一门新技术科学”。这表明,人工智能技术的发展依赖于数学、统计学、概率论、大数据、云计算等,这些知识理论基本属于理工科类。高校思政课是教师根据社会发展和人的需要,对学生开展的以提高思想、政治、道德为目的的实践活动。这一实践活动具有二重性,具有一般教育活动的育人属性,同时还兼具意识形态性,即要完成社会主义意识形态的灌输任务。由此,可以看到高校思政课活动主要解决的是思想观念层面的问题,活动的开展主要是靠“动之以情,晓之以理”的引导方式加以推进,涉及内容侧重于政治性、理论性知识,对于理工科的硬核知识或技术知识涉及甚少,因而也就知之甚少。

整体上来说,学科之间基本属性、基本内容的不同,导致高校思政课教师在实际中对于人工智能的了解停留在表面。比如,众所周知,人工智能是模拟人类思维来解决现实问题的机器行为,智能机器人、无人机、无人驾驶、3D打印等都是人工智能的具体运用。在教育领域的自主在线学习平台、智慧课堂、虚拟导师、教育机器人等,都是人工智能融入教育的积极探索。尽管高校思政课教师对人工智能技术产品的广泛运用有一定的认识,但并不意味着高校思政课教师对于人工智能的本质、技术底座、主要特征等基本内容有着较好的认识深度和广度。对于高校思政课教师来说,每个人都需要对人工智能有足够多的了解,才能够有效地适应和使用人工智能。换言之,高校思政课教师对人工智能的本质特征有比较清晰的认识和掌握能力,是人工智能有效融入高校思政课的重要前提。若对于人工智能的本质、基本架构、运作程序等没有清晰的认知,高校思政课教师就难以认识到人工智能作为一种新技术对于高校思政课转型升级的重要意义。另外,在人工智能融入高校思政课过程中也难以发挥应有的衔接作用。

(二)高校思政课教师对人工智能融入高校思政课的重要性认识不足

人工智能融入高校思政课领域将转化高校思政课整个生态,并把高校思政课引向智能化、信息化发展方向,推动高校思政课的守正创新。因此,人工智能对于高校思政课的现代化发展意义重大,这一重大价值是人工智能能够融入高校思政课的重要依据。

思想政治教育学科自1984年正式成立以来,在实践中不断与时俱进、丰富发展。比如,随着互联网信息技术的发展,网络逐步成为高校思政课的前沿阵地,在充分利用互联网改进高校思政课工作的同时,高校思政课也不断占领网络空间这一高校思政课的新阵地,由此衍生出网络高校思政课新形态。同理,随着科学技术的进一步发展,人工智能的出现推动着社会从信息化走向智能化时代,把人工智能融入高校思政课更新教育形态势在必行。为此,党中央、教育部等相继印发了《新一代人工智能发展规划》《教育信息化十年发展规划(2011—2020年)》《教育信息化2.0行动计划》《高等学校人工智能创新行动计划》等,强调要加速人工智能在教育领域的应用,推动教育的智能化发展。由此,高校思政课依托人工智能的有效融入,历经发展将逐步形成智能思政,可以说“智能思政是高校思政课创新发展的新形态”。

人工智能正在全方位、多层次、多形式融入高校思政课的方方面面,为高校思政课的智能化变革带来了新的机遇。如何抓住机遇,引领智能思政的常态化发展是高校思政课亟待解决的问题。然而,当前无论是高校思政课的教师还是学生对于人工智能融入高校思政课的重要性认识并不深刻。

从客观原因来看:一方面,人工智能正处于走向大规模实用阶段,但更多的是偏向于经济产业化发展、社会治理、医疗卫生等领域的应用,对于高校思政课领域的革命性影响尚不明显。党的十九届五中全会审议通过了《中共中央关于制定国民经济和社会发展第十四个五年规划和二〇三五年远景目标的建议》,在对未来经济进行规划时就专门提出要“推动传统产业高端化、智能化、绿色化”发展,“推动互联网、大数据、人工智能等同各产业深度融合”,大力“发展数字经济,推进数字产业化和产业数字化,推动数字经济和实体经济深度融合”。强调了要大力推进人工智能在经济领域的深度应用。而在文化教育领域,党中央更侧重教育与当前主流媒体的结合,如实施全媒体传播工程、公共文化数字化建设、在线教育等。这表明,人工智能目前在经济领域应用技术更成熟,而人工智能与教育的深度融合有待进一步发展。另一方面,“高校思政课的本质是坚持主流意识形态的主导和灌输”,这一本质规定了高校思政课的主要内容和教学的基本方法。“主流意识形态的主导和灌输”决定了高校思政课活动的展开必须是教师有意识、有目的、有计划地对学生开展理论讲解,以及世界观、人生观、价值观的引领等。正如列宁所说:“工人本来也不可能有社会民主主义的意识。这种意识只能从外面灌输进去。”换言之,学生本身不可能自发地产生先进的意识、思想观念,这种思想意识的产生必须从外面灌输进去,即通过教师对学生有意识、有目的、有计划地引导。然而,人工智能的智能化运作本质上是靠海量数据的收集、分析与预判,这些机器和数据尚不具备人的主观意识和能动性,并不能及时、有效地对学生的思想以及价值观作出人性化的引导和指引。同时,人工智能在应用于高校思政课过程中更偏向于工具理性,注重技术为高校思政课带来的效率与效果,而缺乏必要的人文关怀和价值理性,使得高校思政课教师对于人工智能融入思想教育的重要性认识不到位,进而影响高校思政课教师运用人工智能理念的生成。

从主观原因来看,传统的面对面教学仍是高校思政课的主流教学方式,互联网、人工智能等信息技术的出现也是作为辅助这种教学方式的工具。高校思政课惯常使用的面对面教学方式并未因为人工智能的出现和应用而不适用于现代化教学。由此,长期的惯性心理作用下,高校思政课教师对于高校思政课活动的展开具有路径依赖,对于人工智能赋能高校思政课的重要性认识比较缓慢。

(三)高校思政课教师对人工智能融入高校思政课的机理、过程和程度认识不足

尽管人工智能的融入将给高校思政课的创新发展带来无限的可能,但

是,人工智能融入高校思政课并不是轻轻松松、简简单单就可以完成的,其自有特定的融入机理和过程。高校思政课教师作为二者融合的关键主体,理应对人工智能融入高校思政课的机理和过程有充分的认识和把握,才能进一步更好地推动二者的融合。

然而,高校思政课教师对人工智能本身的认识存在不足,在对人工智能融入高校思政课的机理和过程上不可避免地存在认识不清的情况。具体表现为:其一,对人工智能融入高校思政课的机理认识不足。人工智能的爆发式增长为高校思政课带来了革命性变革,人工智能技术的逐渐成熟也为二者的融合带来了现实可能。然而,高校思政课教师对于人工智能融入高校思政课的内在逻辑不清晰,包括对二者融合的理论基础有哪些、二者融合经历了怎样的发展阶段、有哪些内在的契合点、遵循着怎样的融合规律、遵循着何种融合规则、有何种融合的创新路径等问题的认识和把握程度仍存在不足。其二,对人工智能融入高校思政课的过程认识不足。人工智能融入高校思政课是一个比较复杂的过程,一些高校思政课教师在人工智能应该融入高校思政课活动的哪些环节、哪些内容、哪些场景等问题认识不清,这就不利于人工智能在高校思政课活动开展过程中有效融入,以及发挥其应有的辅助作用。其三,对人工智能融入高校思政课的程度认识不足。人工智能融入高校思政课是跨学科的交叉融合,因此必须明晰一个问题,即人工智能对于高校思政课的定位——高校思政课是把人工智能作为教育活动的辅助工具,还是通过与人工智能的融合催生出新的高校思政课形态,或者说两种目的兼具。这个问题直接影响了人工智能融入高校思政课的广度和深度。就目前而言,人工智能融入高校思政课时是把人工智能作为高校思政课创新变革的动力和工具,但是在实际的融合过程中,不可避免地直接加速了智能思政的形成和发展。此外,由于高校思政课教师对于人工智能融入高校思政课的机理、过程等认识不足,影响了高校思政课教师充分运用人工智能理念的形成。

二、高校思政课教师对人工智能融入的意识困境

高校思政课教师对人工智能融入的意识困境是指高校思政课教师对于人工智能融入高校思政课这一实践活动的意识比较淡薄，包括人机协同意识淡薄、跨界融合意识淡薄、共创分享意识淡薄。

（一）人机协同意识淡薄

“协同”一词，来源于古希腊语，译为协调、协作、合作之意，强调两个及其以上不同要素之间的一种有序通力合作关系。《现代汉语词典（第7版）》中，协同作为动词，被阐释为“各方相互配合或甲方协助乙方做某件事”，强调不同个体之间的相互配合，通过积极发挥合力实现更高效应。人机协同思想诞生于工业时代，强调人与机器在劳动层面的协作关系。在工业时代，“机”尚指一般的大机器，而“人机协同”是指人通过操纵机器去完成又脏又累、风险高、技术含量低的工作，以提高生产效率和生产质量，而更为复杂的尤其是需要脑力的活动仍需要社会分工来完成。计算机出现以后，计算机凭借其高储存力、高运算力、高判断力、高计算精度以及自动化能力等，可以自动、高速地处理海量数据，快速完成指令规定，其客观运作结果克服了人的感性判断。由此，“人机协同”不再是人对机器的指令式操纵和劳动分工，机器也开始参与人的判断、决策等更高层次领域的活动，人机协同开始走向人机交互。随着人工智能的出现和智能化时代的到来，“机”的内涵进一步被拓展，不仅包括原有的大机器、计算机等，也内蕴AI、大数据等核心技术。人工智能不仅可以更精确、高速、便捷地帮助人们作出决策，而且还能为人类社会提供更智能化的服务，不断满足人们对于美好生活的向往。例如，智能机器人可以与人正常交流对话，满足人一定精神层面的需求。由此，人工智能的出现进一步拉近了人机协同的互动关系程度，人机协同开始走向人机共生。

足以见得，尽管人工智能正朝着不断智能化方向发展，甚至在工作强度、运算能力、记忆力等方面呈现出超越自然人的境况，但是离开了人机协作，

没有人去指导、使用、创新机器，人工智能将停滞不前。人工智能的发展分为三个阶段：弱人工智能阶段、强人工智能阶段、超人工智能阶段。总体而言，当前人工智能的发展尚处于弱人工智能阶段，人工智能应用于实践的产品均是按照人预先设定的程序完成特定领域的有限任务，尚不具备人所特有的自我意识和主观能动性。由此，伴随着人工智能的深入发展和应用，人不可避免地与机器联系在一起，二者共生共存。

人工智能融入高校思政课，实现机器与教育的协同发展是智能化时代对人以及高校思政课所提出的内在要求。充分利用人工智能所内含的各种先进科学技术，不仅可以提高高校思政课效率、教学广度、教学深度，尽可能实现全员、全过程、全方位开展高校思政课。同时，还能拓展高校思政课的时间和空间，把高校思政课教师从重复性教育活动、学习活动中解放出来，最大限度地解放高校思政课教师的时间、精力、体力等，为高校思政课教师留有更多的时间和空间促进自身的自由全面发展。因此，人工智能在融入高校思政课并发挥应有效用时，人机协同必不可少。但是，高校思政课教师的人机交互意识还比较淡薄，主动利用机器来协同开展教育活动或是解决教育中存在的问题等自觉性不强，还需要很长一段时间的实践融合才能不断形成和加强这种意识和自觉性。

(二)跨界融合意识淡薄

“融合”一词，在我国古代已有此说法，意为熔化、调和。融合本意在于把不同质的事物变为一个新的整体。跨界融合，顾名思义就是不同领域的事物之间有效结合为一个新的集合体，旨在实现不同事物之间优势互补，意在发挥出“1+1＞2”的效果。而跨界融合意识，是指人们要具有把对不同领域事物有效结合为一个新的集合体的敏锐感知力和洞察力。根据这一内涵，可知跨界融合意识具有三个特点：其一，自觉性。人们不仅能够主动地认识到不同领域事物融合的重要性，而且还会积极推动不同领域、不同质的事物结合为一个新的集合体。其二，目的性。人们能够清楚地认识到不同领域事物之间的有效结合可以发挥出“1+1＞2”的效果，并有目的、有计划、有组织地把不同领域的事物变为一个新的集合体。其三，能动性。人们在推动不同领域事物之间的结合为一个新的集合体，不是简单地将不同事物组合相加，而是找到事物之间的契合点，创造出更具优势与力量的新形态。

人工智能与高校思政课分属于不同的学科领域，其中人工智能属于计算机科学领域，高校思政课属于哲学社会科学领域。人工智能融入高校思政课，属于不同学科内容的交叉融合。由此，不能简单地将人工智能作为一种技术工具附加于高校思政课本身，人工智能融入高校思政课要遵循“契合点—融合—创新”的实践之路。正如习近平总书记所强调的，要高度重视人工智能对教育的深刻影响，积极推动人工智能和教育深度融合，促进教育变革创新，即强调要具有跨界融合意识，充分意识到人工智能技术对于教育领域的革命性影响，积极促进人工智能与教育深度融合为一个新的集合体。但是，高校思政课教师的跨界融合意识比较淡薄，更多停留在简单地实现人工智能与高校思政课的“1+1”，这不利于二者的深度融合和资源的优化整合。

（三）共创分享意识淡薄

“分享”一词，在《现代汉语词典（第7版）》中解释为“和别人共同享受（欢乐、幸福、好处等）”，旨在表明不同个体之间共同享受和使用某种东西。共创分享，强调不同个体之间通过共同协作促进某一事物或多个事物的创新性发展后，一起共同享受创新后的成果。对于人工智能与高校思政课的融合来说，共创分享强调人工智能融入高校思政课要有益于二者的创新性发展，让人工智能与高校思政课共同享受融合所带来的好处。人工智能在融入高校思政课过程中，两个领域的融合可以共建、共创、共享新产品。一方面，高校思政课可以利用创新产品，如智能化教学场景等变革原来的教学形态，提升教学质量和效率；另一方面，在人工智能试图融入高校思政课过程中，应用不同领域的潜能被不断地挖掘，使人工智能技术走向更全面、更大众化、更加成熟阶段。

人机共创意识要求高校思政课教师具备共创分享意识，其核心在于具备创新意识。目前，人工智能在教育领域的应用主要表现在个性化教学、虚拟导师、教育机器人和场景式教育，同时人工智能的图像识别、语音识别、人机交互等技术也在教育领域发挥着应有作用。但是我们仍应看到，人工智能技术只是部分融入了教育领域并发挥着正面影响。高校思政课本就具有特殊性，人工智能技术融入高校思政课活动本身具有很大难度并面临诸多挑战。比如，人机对话中机器如何与学生进行情感交流和有效的精神引导？这是人工智能在融入高校思政课过程中必须考虑的问题，而共创分享意识在一定程度上可以有助于破解这一难题，即通过人工智能与高校思政课的结合创造新的产品、技术、机制等来破解存在的难题。但是，就目前而言，高校思政课教师共创分享意识淡薄，他们更多地把自身定位于高校思政课活动的主客体，在人工智能融入高校思政课过程中也更多倾向于成为二者融合共创新产品的使用者、受益者。换言之，高校思政课教师促进人工智能与高校思政课融合创新的主动意识不足。

三、高校思政课教师对人工智能的运用理念及方法困境

高校思政课教师对人工智能的运用理念困境是指面对人工智能与高校思政课的深度融合，高校思政课教师在实践中运用人工智能的理念不足，包括基于人工智能的教育观念更新不足、基于人工智能的教育氛围不够浓厚，以致人工智能技术运用受限。

（一）人工智能的教育观念更新不足

随着人工智能时代的到来，人工智能已经逐步融入社会生活的方方面面，为人们的生产生活、工作学习等带来新的契机。因此，无论有关工作者是否关注人工智能的发展、如何看待人工智能与高校思政课的关系，在人们的社会生活中居于显要位置的高校思政课，将不可避免地受到人工智能直接或间接的影响。随着人工智能融入高校思政课，传统的高校思政课生态遭受冲击，需要及时更新以人工智能为基础的教育观念。高校思政课教师越早更新观念，就越能走在时代发展的前列，享受更多先进科学技术所带来的价值。具体而言：一方面，要更新教学观念。人工智能融入高校思政课

后，高校思政课将向智能化、数据化、精准化发展，高校思政课主体要及时更新教学观念，转换和适应新的教学理念。例如，人工智能的算法推荐可以实现个性化教学，这种私人定制是以大数据为基础，根据每个学生的学习基础、学习能力、学习偏好、知识图谱等数据进行预测，制定出适合每个人学习发展的高校思政课方案。这就避免了从前高校思政课的“填鸭式”教学，实现了因材施教。另一方面，要更新学习观念。人工智能突破了时间与空间的限制、虚拟与真实的界限，可以高效自定义生成教学场景，拓展了智能化教学场景，学生不再被特定的教育场景和教学内容所限定，有效地提高了学习的效率和学习质量。就目前整体来看，充分运用人工智能技术赋能高校思政课的意识已经逐渐形成，但是原有的教育理念还有待进一步更新，才能更好地适应人工智能时代高校思政课的变革发展。

（二）人工智能的教育氛围不够浓厚

基于人工智能的教育氛围不够浓厚是高校思政课教师产生人工智能运用理念困境的重要原因之一。利用人工智能深刻改变和创新高校思政课的原有生态系统，打造高校思政课未来发展新形态，是人工智能与高校思政课深度融合的重要目标。但人工智能融入高校思政课的实然状态暂时没有达到应然的高度，当前的高校思政课，主要集中在实际的教育教学过程中引入和使用人工智能，高校思政课与人工智能的结合，还停留在浅表的层面上，对改进和提高高校思政课的作用还很有限。

把人工智能应用于高校思政课各个环节的氛围尚未形成，原因主要有：其一，人工智能作为新技术在高校思政课领域的应用尚不成熟。党的十八大以来，党中央十分重视人工智能的发展，并将其上升为国家发展战略，使得人工智能发展势头迅猛。目前，人工智能应用于医疗、通信、交通、数字经济等领域的技术相对比较成熟，但在高校思政课领域“人工智能应该用于何种用途、可以用于何种用途、将会用于何种用途”并没有形成一个统一定论，还处于有待进一步深化发展之中。人工智能可以分为弱人工智能、强人工智能和超人工智能三大类，其中弱人工智能是利用现有的智能化技术，来改善经济社会发展所需要的一些技术条件，也指完成单一任务的智能。目前，人工智能仍处于无自我意识的弱人工智能阶段，并不能完全颠覆或变革整个高校思政课的发展。在未来，伴随着人工智能技术的不断成熟，以技术来变革高校思政课成为完全可能而且非常好用之时，整个高校思政课领域运用人工智能的氛围以及理念将会自然而然形成。

其二，人工智能融入高校思政课所需成本过高，推广和普遍使用的时机尚未成熟。人工智能不仅需要先进技术的加持，构建泛在安全高效的智能化基础设施还需要大量资本的支撑。比如，高校思政课所必需的智能化教学设备，包括人脸识别系统、智能化教室、AI教师等，大量高校思政课数据的采集、传输、管理、分析、处理等技术设施的配备，以及复合型人才的培养和引进，等等，这些都需要大量的资本作为前提。对于大多数高校来说，都难以有足够的资金来提供相应的平台、设备以及人才，以至于人工智能融入高校思政课难以铺开，自然难以形成运用人工智能的氛围以及理念。

其三，整个教育领域中把人工智能应用于高校思政课的生态环境尚未形成。从环境的构成要素来看，高校思政课领域运用人工智能的生态环境包括自然环境、社会环境以及规范环境，其中社会环境和规范环境都属于人文环境范畴。自然环境是指环绕并影响人的思想、行为和高校思政课的自然物质因素的总和。一般来说，处于偏远地区、深山老林的人们，交通、信息等比较闭塞，对于新事物、新技术的接触与使用相对滞后。而处于沿海、平原等的大城市自然资源丰富，不仅交通便利、信息通畅，而且往往处于经济、政治、技术等发展中心，人们的思想比较开放，对于新事物、新技术的接纳和包容程度比较高。足以见得，不同自然环境下，人们对于人工智能技术的接纳程度不一，影响了高校思政课领域运用人工智能氛围的广泛形成。人文环境是指环绕并影响人们思想、行为和高校思政课的社会因素和文化因素，其中社会因素包含国家、社会、社区、企业、家庭、人等人类实践活动因素，文化因素包括民族风俗、社会思潮、宗教信仰、艺术等人的观念活动因素。社会发展程度越高、思想观念越活跃，科学技术与人们的生产生活的联系就越密切，人工智能应用于高校思政课领域的程度就越深，反之亦然。总之，目前自然环境、社会环境以及规范环境复合型教育生态系统尚未形成，难以为高校思政课领域运用人工智能氛围的形成营造良好的环境。此外，人工智能融入高校思政课过程中还带来了一些潜在的风险问题，包括教育数据安全问题、“泛机器化”问题、“浅学习”问题、制度漏洞问题等，这些问题该如何解决与完善，直接影响到高校思政课教师运用人工智能新技术的意愿，进而影响了运用人工智能氛围的形成。

众所周知，文化具有潜移默化的影响。人工智能的教育氛围虽然看不见、摸不着，却能时刻影响高校思政课教师运用人工智能的理念。因此，加速推进基于人工智能的教育浓郁氛围的形成，有助于破解高校思政课教师对人工智能的运用理念困境。

（三）人工智能对高校思政课模式及内容的挑战

传统的高校思政课模式过于注重理论的灌输，强调政治观点的系统性和层次性，追求知识点的逻辑性。在课堂上，教师往往照本宣科地传授教材内容，而学生对这种枯燥的政治理论缺乏兴趣，导致课堂状态不佳，如睡觉、上网、做其他课程作业等现象屡见不鲜。出现这种情况的主要原因是传统高校思政课过于注重教师的讲解，忽视了学生主体性，不重视学生的参与和思考。学生只是被动地接受知识，缺乏主动思考和讨论的机会。这种单向的教学方式使学生对政治理论缺乏兴趣，更是难以激起学生的互动和交流。学生自然也就难以成为思政教育的有效主体和能动主体。在人工智能时代，信息交流具有平等性和虚拟性，这种特性能有效弥补传统高校思政课的短板，极大地迎合了大学生对教育主体性的需要。然而，这也在一定程度上弱化了高校思政课教师的话语权。人工智能技术产生的海量信息对思想教育的影响是巨大的。一方面，人工智能可以提供更加丰富、多样化的思想教育资源，帮助大学生更好地了解世界、拓宽视野；另一方面，人工智能也可能导致信息的过度泛滥和虚假信息的扩散，影响大学生的判断力和价值观。因此，高校思政课教师需要在利用人工智能的同时，加强对于信息真实性的辨别能力,筛选出对学生有用的信息。随着智能技术的不断发展,现实世界与虚拟世界的界限日益模糊,这种趋势可能会对大学生产生负面影响,剥夺他们的独立思想和意识,削弱其批判性思维和创新能力。高校思政教育仍然沿用传统的灌输式教学,缺乏互动性和创新性。对于学生个性化需求和现实问题的关注不够,这可能造成教师难以从容应对人工智能带来的负面影响。目前来看,教育工作者精心筛选的信息内容受到排挤、质疑,大学生更渴望在人工智能的海量信息里进行自由地选择、判断、利用,更希望能在人工智能这个虚拟的世界里肆无忌惮地表达内心的真实想法,张扬自己的个性思想。

高校思政课是一门综合性的学科,具有知识属性、学科属性和价值属性。它既包括政治学、社会学、心理学等学科的知识,又涉及教育理论和方法。同时,高校思政课还具有强烈的价值导向性,旨在培养学生正确的世界观、人生观和价值观,这规定着高校思政课特定的教育内容。教育内容的特定性决定了教育方式的多样性,不能局限于讲授知识道理,而需要师生的互动、沟通、反馈,来认识与革新受"教师固已习得的认知观念和行为模式"这一共同客体,进而让大学生潜移默化地接受教育内容而不自觉用理论指导自己的行为实践,既具备理论性又注重实践性。麦克卢汉提出的热媒介是指能够高频率、高速度传播信息的媒介,如电视、互联网等。在教育领域,人工智能作为一种"热媒介",虽然提供了便利和效率,但也可能导致高校思政课内容和方式的独特性被消融。人工智能在教育领域的应用虽然带来了便利和效率,但也可能导致高校思政课内容和方式的特定性被消解。"热媒介"是一种单向传播的媒介,具有"高清晰度"的特征,它只能向接受者传递信息,而不能与接受者进行真正的互动和交流。当可供人们选择的信息非常丰富,而对接受者参与度的要求不高时,可能会导致人们倾向于选择自己感兴趣的信息,而忽略其他信息,从而导致知识的不全面和分散。智能系统提供了丰富、高清晰度的教育资源,使学习更加便捷和高效,它能够个性化

满足学生的需求。如果根据大学生的偏好来规划、定制和推荐内容,可

能会破坏学科知识的连贯性和逻辑性。因为这样做可能会导致学生只关注自己感兴趣的内容,而忽略了其他重要的知识点。如此,人工智能融入高校思政课中,可能会影响大学生对马克思主义及其中国化理论成果的整体上和逻辑上的把握与理解。虽然让大学生自主选择多样内容可以提高其对知识体系的接受度,但也可能导致他们忽视其中的价值追求。因此,需要在自由与价值引导之间寻求平衡。此外,智能系统提供的资源主要围绕练习和测试,缺乏大学生主动探索的机会。这种教育方式强化了应试教育的倾向,不利于知识与价值的统一,也无助于学生将所学内容内化并顺利应用于实际生活中。

(四)高校思政课教师运用人工智能的方法困境

1.从教学工具角度来看,存在及时反馈的灵活性问题。随着智能技术在高校思政课中的广泛应用,智能教学工具如机器人等已成为辅助教学的重要手段。这些工具通过与学生的互动问答,有效解答学习中的难题,提高了教学的精准度和反馈的及时性。然而,在处理课堂上的复杂问题时,智能教学工具仍面临灵活性不足的挑战。尽管人工智能能够提供客观且标准化的答案,但这种单一维度的回应往往不能满足实际教学中对情感引导和价值导向的需求。教师的人文关怀和经验判断在处理学生复杂思想问题时至关重要,而这些是现阶段人工智能所无法完全替代的。此外,当遇到当前研究领域的空白或边缘问题时,智能教学工具由于缺乏足够的训练数据和算法支持,可能无法给出即时答案,甚至出现应答失灵的情况,这在一定程度上影响了教学的连贯性和效率。

2.从教学过程角度来看,存在课堂动态跟进乏力的问题。高校思政课过程是实现教学目标任务的过程,一门课程的好的教学,往往会依据教学规律,制定最佳教学方案,使教学过程最优化、教学效果最大化。人工智能同高校思政课融合,弥补了以往教学过程中存在的不足,但人工智能目前还无法独立运行于高校思政课的整个过程。人工智能技术的引入,为高校思政课带来了新的教学资源和方法。它能够通过算法对大量文本进行分析和总结，生成具有启发性的教学内容。然而，这种预设的内容往往是基于已有知识的归纳，缺乏教学过程中必要的生成性互动。学生在学习中产生的疑问和思考需要即时的回应和引导，这是目前人工智能难以独立完成的。此外，人工智能无法像人类教师那样通过个人魅力建立与学生的情感联系，减少师生之间的距离感。每位学生的学习背景、思维方式和接受能力都有所不同，这对人工智能来说是一个巨大的挑战。尽管人工智能在教学内容的设计上不断追求完美，但由于上述限制，它在独立承担教学任务时仍面临较大阻力。

第二节 人工智能融入高校思政课教学的技术困境

思维困境直指观念问题，技术困境更多地指向实践应用问题。自2019年以来，“互联网+教育”蓬勃发展，也逐步解锁了“人工智能+教育”的新形式。但是，技术的发展成熟需要一定的时间，也需要实践的不断反复检验。就目前而言，人工智能正处于弱人工智能发展阶段，人工智能技术尚未完全成熟，还存在诸多的问题与不足，突破制约人工智能在各领域落地的技术瓶颈和短板，是人工智能未来实现长足发展亟待解决的问题。同时，人工智能融入高校思政课时，缺乏既拥有雄厚高校思政课理论知识，又熟知人工智能技术的复合型人才。因此，技术桎梏、技术壁垒、复合型技术人才匮乏等技术困境影响了人工智能与高校思政课的深度融合。

一、技术桎梏尚未跨越

《人工智能标准化白皮书（2022年）》显示，我国的人工智能产业发展取得了显著成就：一是创新能力不断增强，图像识别、智能语音等技术达到全球领先水平，人工智能论文和专利数量居全球前列；二是产业规模持续增长，京津冀、长三角、珠三角等地形成了完备的人工智能产业链；三是融合应用不断深入，智能制造、智慧交通、智慧医疗等新业态、新模式不断涌现，对行业发展的赋能作用进一步凸显。可以看到，人工智能在某些领域的应用和作用不断凸显，但是在高校思政课领域的赋能远未达到理想状态。尤其是长期桎梏人工智能发展的技术瓶颈尚未完全突破，包括算法黑箱、信息茧房、隐性知识获取困难等问题，这些技术桎梏成为人工智能融入高校思政课的阻力。

（一）技术桎梏的产生与突破历程

1956年在达特茅斯会议上，约翰·麦卡锡提出了“人工智能”的概念，标志着人工智能的正式诞生。人工智能以算法、数据、算力为三大基石，人工智能的发展就是不断突破算法、数据、算力三个方面的技术瓶颈。

1. 在算法突破方面：最初人工智能依靠逻辑推理演算来完成既定任务，主要以西蒙和纽厄尔所提倡的自动数学定理为代表。20世纪70年代初期，随着人工智能要处理的数据规模越来越大、任务复杂程度越来越高，原有的计算能力已无法满足新的需要，打破自动数学定理的局限性，找到新的算法成为人工智能发展的必然要求。专家系统的出现推动了人工智能的进一步发展。所谓专家系统，是指一种模拟人类社会特定领域的具有丰富知识和经验的专家学者来解决现实问题的一种程序。这个系统依靠现实社会中已有专家的知识库建立，旨在克服专家推理过程中的错误判断，达到或超越专家解决现实问题的能力。在实践中，专家系统主要应用于医疗卫生、化学分析、矿物勘测、文化教育等领域。但是，随着知识的爆炸性增长，专家系统的知识更新速度缓慢、应用领域狭窄、计算能力有限等弊端逐渐显现，人工智能技术又再次进入技术瓶颈阶段。直到2006年，深度学习算法（DNN）的提出，人工智能技术才开始走出寒冬。深度学习是在神经网络的基础上叠加隐藏层层数的一种学习网络。深度学习是在神经网络技术基础之上发展而来的，主流的深度学习网络主要包括卷积神经网络、循环神经网络、生成对抗网络、全连接网络结构等。近年来，深度学习发展迅猛，已经在图像识别、语音识别、文本领域等取得了成功。但是深度学习本质上就是一个不断进行特征描述的过程，即分层级的特征提取过程，特征提取得越多、越准确，则容易达到过拟合（过分依赖训练数据），特征提取得越少、越模糊，则容易达到欠拟合（未能充分学习到训练数据之间的关系）。如何突破数据的多少使结果的精准度保持峰值，是深度学习需要突破的技术难点。2019年，人工智能技术开始加速落地，突破深度学习技术难点，可以推动人工智能融入高校思政课领域的进程。

2. 在数据突破方面：数据是人工智能技术应用的基础要素，数据资源的收集、存储以及分析状况直接关系到人工智能是否可用、是否好用。中国网络信息化发展比较晚，1958年我国才诞生了第一台大型通用电子计算机，1987年中国在互联网发出第一封电子邮件，标志着中国拉开了使用互联网的序幕，直到1994年我国才正式进入互联网阶段。在中国正式进入互联网时代后，由于网络不通畅，计算机、电子设备等落后且使用范围小，数据的生产、采集、分享和应用十分有限，人工智能技术的发展也受到限制。党的十八大以来，以习近平同志为核心的党中央审时度势将网络强国建设上升为国家战略，加快了我国网络信息化发展进程。如今，传感器、脑机接口、摄像头、芯片、智能可穿戴设备等已经得到极大发展并逐步普及，可以快速、便捷地获取各种数据。同时，我国互联网发展迅速并实现了大规模普及，为人工智能数据的获取提供了数量、质量、层次等各方面的支撑。2022年6月中国互联网信息中心发布第50次《中国互联网络发展状况统计报告》显示，“截至2022年6月，我国网民规模为10.51亿，互联网普及率达74.4%”，尤其是疫情影响之下在线办公、在线教育、网络购物、网络娱乐等加速发展，沉淀出海量数据。《国家数据资源调查报告（2020）》显示，2019年我国数据产量总规模为3.9ZB，占全球数据总产量（42ZB）的9.3%。依据目前我国信息化发展速度，国家信息中心预测，到2025年，我国数据总量将占全球的27%，成为世界第一数据资源大国。由此，数据资源的限制得以突破，加速了智能化时代的到来。但是数据安全、数据隐私等问题，仍是限制人工智能广泛应用的技术瓶颈。

3.在算力突破方面:高算力是人工智能运作的支撑。算力是指某一应用程序的实际运算能力,受到处理器(CPU)、芯片、运行环境等多因素的影响。在新中国成立后,我国独立研发计算机才逐渐起步,而计算机的运算能力也是随着计算机产品的迭代不断提升,国产计算机从1960年运算速度150次每秒,到1973年达到了100万次每秒,再到2008年达到100万亿次每秒,现在已超过10亿亿次每秒。超高性能的算力基础,为人工智能应用于各个领域提供了强有力支撑。芯片是算力的基础设施,不同领域对人工智能算力要求不同,如人工智能应用于医疗领域与教育领域的算力需求就不同。因此,有针对性地研发不同领域的专用芯片,满足各领域算力需求成为技术发展的重点。但自2020年以来,我国出现了"缺芯"问题,影响了人工智能的发展与应用。在未来一段时间里,自主研发高质量芯片,破解"缺芯"问题,才能更好地支撑人工智能海量数据的运算。同时随着云计算的出现和蓬勃发展,可以提供可扩展的高性能计算能力,从而进一步突破已有的算力基础,为人工智能技术的进一步发展夯实基础。

(二)技术桎梏的主要表现

受制于人工智能技术本身,人工智能在融入高校思政课时,面临着诸多技术难题,影响了二者深度融合的效果。其中,技术桎梏主要表现为算法黑箱、信息茧房、隐性知识等,这些技术难题至今仍未得以完全解决。

1.算法黑箱,指算法在数据的输入端和输出端不透明,存在着我们无法知晓的隐藏部分。这就意味着,人工智能在通过算法作出决策时,我们是无法知道人工智能运算是基于哪些基础数据、采用何种运算方式和何种解决方法,只是被动去接受人工智能给出的决策结果。那么,当人工智能融入高校思政课时,人工智能会根据自己的算法规则来解决高校思政课中存在的问题,而"教师无法判断他们依据算法作出的决定是否正确,是否符合学生需求,会不会对学生成长造成伤害"。这一算法黑箱若不解决,高校思政课的整个发展走向将存在被未知的算法所左右的风险,整个高校思政课的发展也会因不成熟的人工智能技术的融入而蕴含着潜在的巨大风险。

2.信息茧房，最早由凯斯·R.桑斯坦所提出，他认为信息茧房就是我们只听我们选择的东西和愉悦我们的东西的通信领域。信息茧房的产生，是个人主观选择偏好和人工智能技术发展负效应的双重作用结果。人工智能的个性化算法会依据个人的浏览记录、习惯性偏好向用户推荐信息，主动迎合人的需要。比如，淘宝App的推荐页面，就是根据用户近期搜索、浏览的商品而进行的个性化、针对性推荐。用户依据个人意愿和喜好选择某一类型的信息次数越多、浏览的时间越长，那么系统将会持续向用户推送该特定领域的信息，并且通过平台社区将价值观和偏好相似的人群聚集于不同的数字空间内。如此，用户所接收到的信息将会越来越固化，所接触到的群体价值观也越来越类似，其他多元化异质信息将被系统自动过滤或屏蔽掉，用户将逐步禁锢于自己建构起来的信息茧房。因此，将人工智能融入高校思政课时，人工智能的个性化算法会依据高校思政课教师的主观偏好、学习习惯等为高校思政课教师推送他们所感兴趣的知识，其余不感兴趣的知识推送量将逐步减少直至消失，这将导致高校思政课教师所接收到的知识面越来越窄、视野越来越狭隘，进而形成固化思维。这不仅不利于高校思政课的有效开展，而且还不利于学生的自由全面发展，无异于作茧自缚。

3.隐性知识，是人工智能模仿人脑、延展人类智能所必须攻克的技术难题。隐性知识是与显性知识相对的，是指那些不言而喻、众所周知且只可意会不可言传的知识。作为日用而不觉的知识，隐性知识也是知识的重要组成部分，且具有诸多的特点：其一，隐性知识是人们在长期实践过程中所积累的经验总结，具有实践性；其二，隐性知识一般通过情感交流、主观体验方式显现，具有非正式性；其三，在不同语境、不同场合下同一词汇可能传达出多层意思，这种言外之意表明隐性知识还具有可变化性。目前人工智能作为机器是无意识的，其所存储的知识系统来源于可承载、可诉说的显性知识。高校思政课作为引领价值观的主要阵地，在教学过程中教师与学生隐性知识的交流传达也占据了很大一部分，也就是说，高校思政课部分知识的传递需要靠人与人之间的情感交互才能完成。这对于人工智能来说，很难理解和解释高校思政课中的隐性知识。如若不突破这一技术瓶颈，将会极大影响人工智能与高校思政课深度融合的效果。

二、技术壁垒长期存在

人工智能技术壁垒是指人工智能技术的研发水平不一，各企业、地区或国家为确保自身人工智能技术的领先地位，而设置相应的保护关卡和规则。本质上，人工智能技术壁垒是技术保护主义的重要体现。人工智能是一个超复杂的技术体系，需要通过多方合作，实现资源的共享，以充分利用群体智慧实现人工智能更快、更好的发展。就目前而言，技术壁垒长期存在，导致一些融入高校思政课的技术难题始终难以得到有效解决。在人工智能融入高校思政课过程中，存在着技术共享机制不完善、信息孤岛等问题，亟待进一步打破。

（一）技术共享机制不完善

技术共享机制是为了实现资源的共享共有，使有限的资源发挥更大的价值。习近平总书记指出，在新征程上解决各种发展难题必须坚持新发展理念，即“创新、协调、绿色、开放、共享的新发展理念”。其中，共享理念强调了人人共享、平等共享、成果共享的要求。人工智能是一个复杂的系统工程，需要多方面的技术支撑、平台支撑，共享是实现人工智能持续性发展与创新的现实要求。马克思曾说：“‘思想’一旦离开‘利益’，就一定会使自己出丑。”在利益驱动之下，为赚取更多的利润和金钱，人工智能的技术壁垒不自觉地被建立起来。因此，加快构建技术共享机制，以制度规约实现平等对话与交流，这既有利于人工智能技术的共同进步和发展，也有利于解决人工智能融入高校思政课的技术瓶颈。

（二）信息孤岛的长期存在

信息孤岛是指系统之间、系统内各要素之间在信息上不共享、不互换，相互之间存在脱节的状况。人工智能融入高校思政课领域所存在的信息孤岛，主要是指人工智能研发之间、人工智能研发与高校思政课之间存在信息不对称的情况，导致人工智能在融入高校思政课时存在技术困境。算法、数据、算力的突破旨在推动人工智能的发展，但是实现“人工智能+高校思政课”的境况却不一样。把人工智能嵌入高校思政课，必须使人工智能适应高校思政课的特点和属性。换言之，人工智能的研发应该洞悉高校思政课的发展要求、遵循高校思政课规律，而高校思政课也应该主动去了解和掌握人工智能的相关信息，只有彼此之间信息公开、信息互通、相互衔接，才能最大限度地发挥融合效应。

三、复合型技术人才匮乏

人工智能融入高校思政课必须有相应的复合型人才做支撑，然而相应的人才无论是数量还是质量都远远不能满足现实需要。单就人工智能领域的人才供需来说，根据测算，我国人工智能人才目前缺口超过500万，国内的供求比例为1∶10，供需比例严重失衡。复合型人才的匮乏，使得人工智能融入高校思政课面临主导力量不足。

为应对人工智能领域人才需求的爆发式增长，国家近年来出台了一系列相关政策，旨在加大高校人工智能人才的培养力度、提高人工智能人才培养质量。2017年，国务院印发了《新一代人工智能发展规划》，对人工智能的发展做了总体部署。2018年，教育部印发《高等学校人工智能创新行动计划》提出了人工智能新型人才“三步走”战略目标，即到2020年，基本完成适应新一代人工智能发展的高校科技创新体系和学科体系的优化布局，高校在新一代人工智能基础理论和关键技术研究等方面取得新突破，人才培养和科学研究的优势进一步提升，并推动人工智能技术广泛应用。到2025年，高校在新一代人工智能领域科技创新能力和人才培养质量显著提升，取得一批具有国际重要影响的原创成果，部分理论研究、创新技术与应用示范达到世界领先水平，有效支撑我国产业升级、经济转型和智能社会建设。到2030年，高校成为建设世界主要人工智能创新中心的核心力量和引领新一代人工智能发展的人才高地，为我国跻身创新型国家前列提供科技支撑和人才保障。这为高校培育人工智能人才作出了重要指导和规划。此外,《教育信息化2.0行动计划》《高等学校人工智能创新行动计划》《关于"双流"建设高校促进学科融合加快人工智能领域研究生培养的若干意见》《教育部关于实施第二批人工智能助推教师队伍建设行动试点工作的通知》等通知相继印发,旨在加速人工智能人才的培养,努力为人工智能的发展提供高层次人才。

大力培养人工智能人才,可以进一步满足人工智能领域的需求。但是,推进人工智能融入高校思政课领域不仅需要高质量的人工智能技术人才,还需要具备熟练人工智能技术与深厚高校思政课功底的跨界复合型人才。就目前的政策导向和教育培育方向来看,仍是以分别培育人工智能和高校思政课的专业型人才为主,复合型人才培育滞后。只有积极培育既懂人工智能技术,又懂高校思政课的跨界复合型人才,才能真正把人工智能的核心优势与高校思政课发展痛点相连接,发挥出人工智能技术在实践应用中的威力,促进高校思政课的智能化变革。

第三节 人工智能融入高校思政课的"双主体"困境

在特定条件下,人工智能扮演教育教学的主导主体的角色,能够独立地进行教育教学活动,引导学生学习理论知识、参加实习实践。与此同时,学生扮演着受教主体的角色,一方面接受人工智能的教学指导,另一方面又能自主地进行学习活动。在人工智能融入高校思政课教学中,需要特别关注"双主体"的特殊属性。

一、主导主体身份界定模糊及其权利归属难以明晰

当人工智能在教育场景中扮演主导主体的角色时,其身份与权利的划分变得比较复杂。人工智能通过为学习者提供个性化的知识服务以满足他们

的需求，提高他们的认知和技能水平，但在心理、情感和道德层面，它还无法和人类教师相媲美，特别是在政治教育方面存在明显的不足。因此，人工智能作为教育主导者的地位是模糊的，它在思想政治教育中能承担多少职责，能否完全取代人类教师，都是需要深入思考的问题。同时人工智能在教育中的权利和义务也不明确，如教学风险的解决以及学生权利的保护等问题。只有明确界定人工智能的身份和权利，智能教育才能有效且有序地发展。

二、受动主体自我发展的需要同知识供给的不匹配

高校思政课的核心任务是提供满足学生需求的知识和技能。但在实际教学中存在思政课教师所提供的知识和学生的实际需求是匹配的情况。学生作为知识的接收者，需要从课堂教学中领悟思想伟力、真理魅力。然而，人工智能作为主导主体，其所提供的个性化知识，可能并不完全符合学生的核心需求。因此，高校思政课教师应当平衡知识的重要性和个性化需求，考虑如何利用人工智能进行有效的思想价值引导，并基于此开展相应的教学和提供精准服务，仍需深思熟虑和细致规划。

三、主导主体与受动主体的信任关系受到极大挑战

信任是提升教学实效的关键，缺乏信任或信任度不高会对高校思政课教学带来巨大的消极影响。学生对教师的信任主要基于对教师能力的判断，如果教师能满足学生实际需求、解决学生问题和困惑，学生就会与教师建立信任关系，反之则会产生质疑。人工智能可以凭借大数据优势来快速解决学生的常规问题，但是针对特殊情况、特殊个体时其提供的方案可能并不能解决学生的实际问题，这样将会削弱学生对教师的信任，并且有可能对高校思政课、思政教师产生认知偏差，从而影响高校思政课的效率。因此，建立和维护信任是提高高校思政课效率的关键。

第四节 人工智能融入高校思政课话语权面临的挑战

一、多元文化的交流冲击着高校思政话语权的主导力

在多元文化交流的背景下，世界文化的多样性和差异性使得各国文化密切接触成为可能，也为文化同化和冲突提供了不确定性因素。文化差异性是全球化进程中不可避免的现象，强势文化往往通过各种途径渗透到弱势文化领域，导致文化同化和文化霸权现象。资产阶级试图按照自己的价值观和生活方式塑造世界，许多落后国家在开放国门的过程中，其思想文化领域受到侵扰。这种现象并非真正的文化交流与融合，而是一种被动无奈的接受。当今世界的文化交流是由西方发达资本主义国家所主导的世界性文化进程，它们打着“文化交流”的旗号，对其他弱势国家进行文化输出和意识形态输出。民族文化是爱国主义的根基和源泉。可以说任何一个国家一旦脱离本民族文化，必将严重消解其国民的爱国情感，甚至造成本民族内部认同危机。在全球化浪潮下，西方国家采取文化渗透方式向发展中国家输出价值观和文化，这大大削弱了发展中国家的民族文化。而在全球化过程中，大学生作为文化传承的重要力量，他们的民族文化观、文化认同遭到了一定程度的淡化和削弱，爱国主义情感生发的文化基础也产生了动摇。

社会稳定和谐离不开主流价值观念的引导和规约。弱势国家在多元文化交流中，通过民族文化话语保护自己的话语权力和空间。这种现象体现了文化多样性的重要性，也彰显了各国对自身文化的坚守与传承。在我国，高校思政课话语肩负着宣传社会主流文化和主导价值观念的重任。通过掌握高校思政课话语权，可以对大学生进行思想教育，巩固社会主流意识形态的主导权。这种现象体现了我国对高校思政课的重视，旨在培养具有正确价值观的一代新人。多元文化交流加深，使社会主义意识形态领导权和主

导权的外界环境由封闭转为开放。这意味着我们要面对更加复杂多样的外部环境,既要坚守本土文化特色,又要加强与世界各国的交流与合作。在文化开放的环境下,西方思潮对我国高校思政话语体系产生冲击。

二、教育观的单向性削弱了高校思政话语权的凝聚力

教育的单向性指教师主导、学生被动接受知识的传统模式。其特点包括:教师讲授,学生听讲;教师提问,学生回答;教师评价,学生接受。在灌输式教育模式下,教师主导话语权,学生被动接受。这种不平等的交流方式限制了学生的主动性和创造性,容易导致知识表面化和应试化。在传统高校思政课灌输式教育模式下,高校思政课教师掌握话语的主动权,且其讲解性话语具有权力化特点,限制了学生的话语空间。特别是在课堂教学中,教师话语起决定作用,学生话语处于从属地位。

目前,高校的高校思政课理论课大都是以课堂教学模式开展的。如果教师在高校思政课中很少使用贴近学生、贴近生活的新鲜话语,就容易导致高校思政课内容单一、枯燥,从而引起学生对课程产生冷漠、抵触情绪。而一些高校思政课教师出现了职业倦怠感,与教育对象难以达成共识与理解。教师与学生之间如果不能实现话语共鸣,势必会影响高校思政课话语吸引力、感染力,不能达到凝聚人心的效果。重视提升教育实效性、关注师生互动交流是非常关键的。我国高校思政课话语权的凝聚力表现在以下四个方面:首先,坚持以马克思主义为指导,培养学生正确的世界观、人生观和价值观;其次,注重培养学生的创新精神和实践能力,提高他们的综合素质;再次,加强教师队伍建设,提升教师的思政教育水平和专业素养;最后,积极开展各类思政教育活动,丰富学生的思想文化生活。通过这些方面的努力,高校能够更好地凝聚学生的思想和力量,推动他们成为德智体美劳全面发展的社会主义建设者和接班人。思政教师通过专业知识和理论素养、教学经验和方法、情感引导和价值塑造以及社会实践和活动组织等方面的努力,能够有效地培养学生的马克思主义素养,增强学生的民族认同感。随着科技的迅猛发展,我们已进入人工智能时代,学生获取信息的渠道拓展了。网络

公共话语空间的信息获取零成本和快捷化信息的“在场感”极大地满足了大学生的需求，也极大地削弱了思政教师的话语权。

大学生容易被西方文化所“标榜”的所谓“民主、自由”等价值观所吸引，甚至向往推崇西方民主政治制度，这样将极大程度地影响思政教师的话语公信力。显而易见，在人工智能时代，单向灌输的说理教育已经难以吸引学生、说服学生了。

在人工智能时代，教师话语主导权被削弱的同时，也使师生关系遭遇信任危机。部分高校思政课教师由于受到主客观因素的制约，在语言沟通技巧、人工智能工具使用等方面比较欠缺，使得他们与学生无法实现有效的沟通与交流，长此以往师生之间便会产生隔阂。如果这种情况不能得到足够重视和及时解决，师生关系就会遭遇潜在的信任危机，这不仅会使师生关系变得越来越紧张，还会给高校思政建设带来一定的负面影响。

三、话语的传播低效减损了高校思政课话语权的说服力

高校思政课本身就是高校思政话语权的说服力根源。我国的高校思政课是以马克思主义为教育核心的。理论只要说服人，就能掌握群众；而理论只要彻底，就能说服人。所谓彻底，就是抓住事物的根本。以彻底的马克思主义为指导的高校思政课理论不仅可以掌握群众，还可以提高学生的思想道德素养。只有通过有效的传播方式和渠道，才能让更多的人接受和认同这些思想。同时，思想话语的传播也能够促进人们对相关问题的思考和讨论，从而更好地理解和掌握这些思想。因此，高校思政课教师应该注重提高自身话语权和传播力，以更好地发挥其在高校思政课中的作用。目前，一些高校思政课缺乏针对性和实效性，内容过于抽象、空洞，缺乏生动性和感染力；教学方式单一、陈旧，缺乏互动性和参与性；教师素质参差不齐，缺乏专业素养和教育情怀。这些不足导致思想话语传播低效，降低了思政教育话语权的说服力。

在当今信息爆炸的时代，人们接触到的信息量巨大，而其中大部分信息

都是浅层次、碎片化的。这些信息往往缺乏深度和系统性，难以引起人们的重视和认同。相比之下，高校思政课的话语体系更加系统、深入、有针对性。它不仅包含了丰富的理论知识，还结合了实际情况和实践经验，能够更好地指导学生的思想行为。然而，由于话语传播的低效性，很多学生并没有真正理解和接受这些知识和观点。他们可能只是听过一些口号或者标语，但并没有深入了解其背后的内涵和意义。这样一来，即使高校思政课的话语体系再完善、再优秀，也无法发挥出应有的作用。此外，话语传播的低效性还会影响高校思政课的公信力和权威性。如果学生对教师所传授的知识持怀疑态度，或者认为这些知识与自己的实际生活脱节，那么他们就不太可能真正接受这些知识和观点。这样一来，高校思政课的话语体系就会失去说服力，无法产生预期的效果。

高校思想课与一般高校思政课的不同体现在许多方面。一是性质不同。高校思政课是必修课程，而一般的知识教育课则是选修课程。二是目的不同。高校思政课的主要目的是培养学生的思想道德素质和社会责任感，而一般的知识教育课则主要是传授学科知识。三是内容不同。高校思政课的内容主要包括马克思主义理论、中国特色社会主义理论体系、中国近现代史纲要等，而一般的知识教育课则以学科知识为主。四是方法不同。高校思政课注重启发式教学和互动式教学，鼓励学生思考和讨论，而一般的知识教育课则更注重知识的灌输和讲解。五是教材不同。高校思政课的教材通常是由国家统一编写的，而一般的知识教育课则由各学科领域的专家编写。这些不同也导致了思想课的教材制定、审核需要经过严密的过程，而当教材修订投入使用后，一些教育素材又成了旧闻，这也在一定程度上影响了其话语权的权威性。

第五节 人工智能融入高校思政课考评体系存在的问题

一、科学的考评体系缺失

高校思政课科学的考评体系目前尚未形成，具体表现在以下三个方面：其一，缺乏科学性。目前，高校思政课的考评体系主要依赖于教师的主观判断和学生的考试成绩，缺乏客观性和科学性。这种考评方式容易导致教师对学生的评价存在偏差，同时也无法全面反映学生的思想道德素质和综合能力。其二，过于注重知识考核。这种过于注重对学生的知识掌握程度进行考核，而忽视了对学生思想道德素质和实践能力的培养的考评方式容易导致学生只注重死记硬背知识点，而忽略了对知识的理解和运用。其三，缺乏个性化评价。高校思政课考评体系缺乏个性化评价机制，主要体现在无法充分考虑到每个学生的个体差异和发展特点。

二、长效的考评机制的缺乏

高校思政课长效的考评机制的缺乏，具体体现在以下四个方面：其一，考评标准不明确。高校思政课的考评机制往往缺乏明确的评价标准，导致评价结果难以客观、公正。例如，对于学生的思想品德、政治觉悟等方面的评价，往往存在主观性较强、难以量化的问题，使得评价结果容易受到个人偏好、情感等因素的影响。其二，考评方式单一。高校思政课考评主要依赖于期末考试成绩和平时表现，这种单一的考评方式很难全面反映学生在思政课上的学习效果。其三，考评过程缺乏反馈。在当前的考评机制下，教师往往只在学期末给出一个总评成绩，而在教学过程中很少对学生进行及时、有效的反馈。其四，考评结果应用有限。高校思政课考评机制往往只关注学生的学业成绩,而忽视了对学生综合素质的培养。这导致考评结果的应用范围有限,不能为学生的全面发展提供有效支持。

三、理论与实践融合不够

高校思政课考评理论与实践融合不够,具体表现在以下三个方面:其一,课程内容与实际脱节。高校思想政治理论课程有时过于注重理论的灌输,课程内容可能与学生的实际生活经验和时代发展的现实需求不够吻合。这种脱节导致学生难以将理论知识与现实问题相联系,从而感到学习内容空洞、无趣,缺乏实践意义。其二,教学方法缺乏互动性。传统的教学方式可能过于依赖课堂讲授,忽视了学生的主动参与和实践体验。缺乏案例分析、角色扮演、社会实践等互动性和体验性强的教学手段,使得学生在理解抽象理论时缺少感性认识,不利于理论与实践的有效融合。其三,评价体系偏重理论考核。评价体系往往偏向对学生理论知识掌握程度的考核,而对学生的实践能力、应用能力和创新能力的评价不足。这种偏重可能导致学生在学习和准备考试时过分强调记忆和复述,而不是深入理解和实际应用,从而影响了理论与实践的深度融合。

四、考评目标严谨性缺乏

目前,高校思政课考评制度偏重考评知识和理论考评目标的设置不够明确,主要体现在三个方面:其一,高校思政课考评目标的设置存在模糊不清、过于笼统的问题。这种状况导致教师和学生无法准确理解考评目标,从而影响了考评的有效性和准确性。其二,考评指标的选择不够科学。当前高校思政课考评指标的选择存在主观性和片面性的问题,这有可能导致考评结果无法全面反映学生的思想道德素质和综合能力。其三,考评过程缺乏规范性。从各高校的实际来分析,当前高校思政课实践教学考评过程中存在着评价标准不统一、评价方法不规范等问题,这将严重影响考评结果缺乏公正性和可比性。

五、考评内容有效性缺乏

高校思政课考评的命题内容局限于教材，只关注学生对课本内容的记忆程度，而对学生运用知识来认识和解释现实生活的能力考查不够。这种应试性使得部分教师在考评前强调考评重点、划定考评范围，从而限制了学生的思维方式和表达能力。高校思政课当前考评体系存在明显不足，存在过分侧重于客观题而忽视主观题的现象，这导致学生倾向于机械记忆而非深入理解。特别是论述题和材料分析题的设置受到时间限制，难以充分考查知识的广度，同时缺乏统一标准答案使得评分主观性增强。这种偏向促使学生在备考过程中更多依赖死记硬背，忽略了课程本应培养的理论分析和批判性思维能力法发挥应有的教育作用。高校思政课考评存在着“记观点条条有余”“上课记笔记、考前背笔记、考评默笔记、考后全忘记”“理解和认识能力不足”的现象闭卷考评多采取标准化试题和机械化的标准答案，导致学生的创造性难以发挥。同时，思政课考试题库制的实施导致考评内容和题型固化，这使学生往往仅针对特定问题记忆答案，滋生了学习惰性。这种应试策略限制了学生主动探索知识的意愿，也使得教学过于依赖教材。当学生为了考试而学习，他们倾向于短暂但高强度的复习，而非深入理解课程内容。这不仅削弱了高校思政课的思想价值，也抑制了学生的创新思维和创造力。

六、考评方式丰富性缺乏

当前的高校思政课考评方式往往过于单一，主要依赖笔试和客观题评分，这种方式难以全面评估学生的思想政治素质和实际理解能力。这种考评模式容易导致学生采取应试学习策略，重视分数而忽视深入学习和理解课程内容。过分夸大分数的作用，将其与入党资格、奖学金评定等紧密挂钩，可能导致学生对思政课的学习动机不纯，学习过程功利化。这种以分数为导向的考评方式不利于激发学生的内在学习动力，也不利于培养其独立思考和批判性思维能力。此外，也有些高校的结业考评往往以小论文形式进行，缺乏有效的评价机制让学生容易应付了事，缺乏认真态度。

第四章 人工智能融入高校思政课教学模式的构建及功能

第一节 人工智能融入高校思政课教学模式的构建方法

人工智能教学模式能够有效解决传统高校思政课教学中的诸多问题，实现教学资源的优化利用。通过人工智能技术，学生与教师之间的沟通更加密切和便捷，即便在非学校时间，也能保持顺畅的交流。这种模式建立在对一流本科课程要求的深入理解之上，旨在构建一个全面、多元并高度适应混合式教学需求的新模式，以提升高校思政课的教学质量和效果。

一、契合立德树人的教学目标

中国古代便极其重视道德教育，尽管随着社会变迁，德育的内容有所演变，但它始终是社会的核心。在科技驱动的现代竞争中，教育是基础，人才是关键，文化和知识的培养固然重要，但更应强调综合素质的提升。“国无德不兴，人无德不立”，反映了德育的根本地位。因此，当前教育系统也非常重视德育，遵循“先立德后立人”的原则，通过各种活动落实这一教育理念，确保思政课程能够实现立德树人的目标。

高校思政课是一项复杂而重要的教育工程，特别是在立德树人方面扮演着关键角色。智慧课堂教学模式强调以德修身、以德立学和以德施教，旨在弘扬中华优秀传统文化，将其与学生个人的三观相结合。这种教学模式致力于帮助学生树立正确的思想观念，形成积极的文化观、历史观和民族观，从而全面提升学生的素质，培养他们成为能够肩负时代责任的全面型人才。通过内外兼修的教育方式，高校思政课程能够更好地完成立德树人的重要任务。

高校德育作为人才培养的重要组成部分，其核心在于塑造学生的思想品德和提升综合素质。当前，德育内容不仅传承了传统文化的精髓，还融入了时代精神，强调爱国主义、集体主义和社会主义核心价值观的教育。这些与思想政治教育的目标紧密相连，共同构建了高校思政教育的框架。在这一框架下，德育与思想政治教育相辅相成。德育为思想政治教育提供了基础，通过培养学生的社会责任感、法治意识和道德规范，为其接受更深层次的思想政治教育奠定了基础。同时，思想政治教育又反过来强化德育的内容，使之更加贴近国家发展的需求。高校将德育置于优先地位，认为教育应以德育为本，这不仅体现了对传统美德的重视，也反映了对现代人才要求的适应。在思政课堂上，教师特别注重德育内容的渗透，通过案例分析、讨论互动等方式，引导学生思考和实践，从而在培养道德品质的同时，促进学生思想道德品质的全面发展。

二、建立完备可靠的实现条件

本书主要从师资力量、教学内容、教学环境等方面进行研究。只有具备条件，人工智能教学模式在高校思政课中才有可能真正得到落实，并发挥其作用。

(一)师资培训

随着人工智能时代的到来，智慧课堂成为高校思政课教学的新趋势。面对这一变革，教师须具备高度的信息素养以适应智能教学模式。第一，信息素养体现为教师根据学生认知规律挑选和制作教学资源的能力，这要求他们能熟练使用智慧课堂平台，创造或筛选富有启发性的学习材料，从而提升教学效果。第二,能够灵活组织教学活动。在人工智能时代,高校思政教师应提升自身信息素养,以适应智慧课堂带来的变革。思政教师需要能够打破传统课堂时间和空间的限制,运用新型教学方式,有效开展课堂教学工作,并在课后引导学生深入讨论,促进知识的内化与应用。第三,应具备良好的创新教育能力。高校思政教师应通过创新教学活动激发课堂活力,鼓励学生发挥主观能动性,展现教师个人魅力,使教学过程更和谐,提升教学效果。

思政课教师应适应教育信息化时代教学需要,紧跟现代科学技术发展,研究新型网络信息技术等,充分发挥人工智能课堂教学优势,推动思政课教学和信息 技术高度整合,提高思政课吸引力与实效性。在当今信息化快速发展的社会中,思政课教师面临着前所未有的挑战与机遇。为了适应这种变化,他们迫切需要培养三种核心能力:信息筛选能力、熟练使用信息技术的能力以及网络媒体素养。

第一,信息筛选能力对于思政课教师来说至关重要,因为他们需要在浩瀚如海的信息中快速找到高质量的教学内容。这不仅需要教师具备对信息的敏感性,还需要他们能够批判性地评估信息的真实性和适用性。通过加强对信息来源的核查和对内容质量的把关,教师可以有效地将真实、相关的知识传递给学生,并激发他们的学习兴趣。

第二,思政课教师必须熟练掌握信息技术,以便更好地利用现代教育工具和平台进行教学。这包括掌握基本的计算机操作技能、办公软件的使用以及多媒体制作等技术。此外,教师还需要不断学习和更新知识,以跟上技术发展的步伐,探索新的教学方法和手段。通过有效利用信息技术,教师可以提高教学质量,使课堂更加生动有趣,提升学生的学习体验。

第三,网络媒体素养是思政课教师不可或缺的一项能力。在互联网环境中,教师需要能够快速获取、理解和分析网络上的信息,并将其有效地用于教学。同时,教师还需要在网络上进行有效沟通和表达,既能传播正确的思想观念,又能与学生建立良好的互动关系。此外,具备网络安全知识和防范意识也是必不可少的,这有助于教师自身和引导学生安全地使用网络。

(二)教学内容

人工智能技术的迅速发展正在重塑社会的经济结构、就业市场以及人们的生活方式,这些变化对传统的思想政治教育提出了新的挑战。为了应对这些挑战,高校思政课需要整合人工智能相关的伦理、法律和社会问题,使学生能够在理解人工智能技术的同时,充分认识到其对社会、道德、法律等方面的影响。这样的教学内容调整不仅有助于学生建立正确的价值观,还能够培养他们面对未来社会所需的批判性思维和创新能力。

第一,引进马克思主义理论发展的最新成果。随着科技的进步和社会的发展,马克思主义理论也在不断丰富和发展。将马克思主义理论的最新成果融入思政课程中,可以帮助学生更好地理解当代社会的发展趋势和规律,提高他们的社会责任感和历史使命感。例如,可以通过分析人工智能技术对生产方式和社会关系的影响,来探讨马克思主义关于生产力和生产关系的理论在新的技术背景下的应用和发展。

第二,介绍社会热点问题,增强课程的现实关联性。在快速变化的社会中,各种热点问题层出不穷,如人工智能伦理、数据安全、隐私保护等。通过将这些热点问题引入课堂讨论,不仅可以激发学生的学习兴趣,还能够培养他们的批判性思维和解决问题的能力。同时,这也有助于学生更好地理解国家政策、国际形势以及社会责任,为他们成为具有全球视野的公民打下坚实的基础。

第三,加强对中外错误思想观念的批评教育。在全球化的背景下,西方的一些价值观和思潮也在一定程度上影响着年轻一代。因此,在思政课程中加强对这些错误思想观念的识别和批评是十分必要的。这不仅有助于学生树立正确的世界观、人生观和价值观,还能够提高他们抵御不良思潮侵蚀的能力。例如,可以对比分析西方个人主义与社会主义核心价值观的差异和冲突,引导学生深刻认识到坚持社会主义核心价值观的重要性。

(三)教学环境

人工智能时代的思政课堂教学通过其技术特性,为学生提供了一个更加民主、平等、多元且互动的学习环境。其一是平等性。在人工智能融入的智慧课堂中,每个学生都有机会表达自己的观点和看法,不受传统思政课堂中教师主观意愿和其他同学表达欲的影响。智能系统会记录所有学生的意见,确保每个人都能被听到。其二是匿名性。人工智能时代思政课堂允许学生匿名发言,这使得学生们可以更加自由地表达自己的真实想法,不受外界压力或担忧影响。这种环境鼓励了平等参与,每个人的意见都得到了同样的重视。其三是多元性。人工智能可以处理和分析大量信息,因此能够接纳和回应各种不同的观点。这使得思政课堂教学更加多元化,教师可以借助人工智能呈现不同的观点,促使学生从多角度思考问题,培养批判性思维。其四是互动性。人工智能技术如智能问答、虚拟现实等工具使得思政课堂更加互动。学生不再是被动接受信息的对象,而是可以通过与智能系统的互动来探索和发现知识,这种参与性和互动性是传统教学难以实现的。人工智能时代的思政课堂教学比传统思政课堂更民主。此外,手机成为思政课上师生交流工具,师生交流可以实现实时互动,随时随地讨论问题,突破时空限制,促进学习交流;学习资源丰富,学生可通过海量在线资源快速获取信息,拓宽知识视野,提高学习效率;课堂形式多样,通过社交媒体、教育应用等形式,可以更好激发学生学习兴趣,提升学生对思政课的参与度和学习效果。同时,人工智能课堂不再固定于黑板、教室等传统形式,而是采用虚拟教室、在线平台等新载体,使教学更灵活,内容更丰富,方式更生动。这种模式符合人工智能时代高校大学生的实际需求,有利于培养学生创新精神和实践能力。

三、突出学生主体的教学程序

随着信息技术的飞速发展,人工智能已经深入到教学领域,对传统的教育模式产生了深远的影响。在高校思政课中,人工智能课堂的应用不仅改变了教学方法，还重新定义了教师与学生的角色，使得教育过程更加个性化、动态和互动。第一，教学资源的优化与学生主体性的强化。在人工智能课堂环境中，教师能够利用智慧课堂平台进行学情分析，提前掌握学生的学习需求和背景知识。通过大数据分析，教师可以更精准地设计课程，推送相关的教学资源，促使学生在课前进行有效的预习。这种模式转变了学生从被动接受知识到主动探索知识的状态，充分体现了学生在教学过程中的主体地位。通过智能平台的互动功能，教师可以打破传统的单向教学模式，激发学生的积极参与和创造性思考，使教学更加生动和有效。第二，课堂教学的互动性与即时反馈。人工智能课堂中的互动功能和即时反馈系统为教师和学生提供了前所未有的沟通方式。教师可以根据学生在预习和课堂表现中的情况，进行有针对性的讲解和点评。这种即时的反馈机制使得学生能够在课堂上即时解决问题，极大地提高了学习的效率和教学的质量。此外，智能平台的微课录制系统允许学生在课后复习课堂内容，对于难以当堂理解的知识点可以通过重复学习来加深理解，这种灵活性和便捷性是传统教学模式无法比拟的。第三，个性化教学的实现与教师角色的转变。人工智能课堂的核心优势之一是能够根据每个学生的具体情况提供个性化的教学资源和支持。教师不再仅仅是知识的传递者，而是成为学生学习过程中的引导者和协助者。通过智能平台，教师可以实时监控学生的学习进度和理解程度，根据每个学生的表现进行个性化指导。这种以学生为中心的教学模式有助于发挥每个学生的最大潜能，实现因材施教的教育理念。

四、实现科学精准的教学评价

在人工智能时代，思政课的教学程序正在经历深刻的变革，不仅教学方式改变较大，而且教师角色的转变较大，即从传统的以“教”为中心转变为以“引导”为主。这种转变使得学生的主体地位得到了突出，有利于激发学生的学习兴趣和主动性。

在人工智能的赋能下思政课教师可以通过智能平台迅速了解每位学生

的学习习惯、知识水平和兴趣爱好。例如，通过学习管理系统（LMS）收集的数据分析，教师能够发现学生的学习弱点和优势，从而为每位学生提供个性化的关注和指导。教师可以提前设计课程和准备资料，特别是利用人工智能技术，教师可以根据教学目标自动生成符合学生需求的课程内容和学习资料。人工智能还可以根据学生的学习进度和反馈动态调整教学内容，确保课程始终贴合学生的实际情况。此外，人工智能还可以为教师提供丰富的在线教育资源，包括视频讲座、互动模拟等，这些都可以大大提高课堂的趣味性和互动性。通过智能平台，教师可以向学生推送个性化的学习任务和挑战。这些任务可以根据学生的能力水平自动调整难度，确保每位学生都能在适合自己的节奏下学习。智能平台还可以自动收集学生的完成情况和表现，为教师提供实时反馈，帮助教师及时调整教学策略。在人工智能的支持下，教师从传统的知识传授者转变为学生学习的引导者和促进者。教师的主要任务不再是简单地讲授知识，而是引导学生如何学习、如何思考和如何解决问题。这意味着教师需要具备更高的教学技巧和更强的组织协调能力，以适应新的教学环境。通过使用智能平台，学生可以根据自己的学习节奏和风格进行学习，这有助于培养他们的自我管理能力和独立思考能力。同时，教师可以通过智能平台提供的数据分析工具来监控学生的学习进度和效果，及时发现问题并给予指导。人工智能时代的思政课有利于实现教育的个性化和差异化发展。通过使用智能平台和大数据分析技术，教师可以根据每个学生的特点和需求制定个性化的教学方案和学习路径。这有助于满足不同学生的学习需求和发展潜力，提高教育质量和效果。

传统思政课教学通常以知识点考核为主，平时课堂表现和期末考试决定了学生成绩，这种模式过于强调知识记忆，忽略了教育内容的理解和应用。为了提升思政课的挑战性和教育效果，我们需要转变评价目标，采用多元化的评价模式。在人工智能思政课堂中，评价不仅涵盖知识掌握情况，还包括学生的情感、态度和能力表现。评价体系的设计和实施也需科学合理，需要增加评价要素和考虑要素之间的融合贯通。因此，思政课人工智能课堂教学评价应从理论基础出发，结合实际教学情况，构建一个理性、综合和科学的评价体系。不仅要全面反映学生学习状况，也能引导学生深入理解教育内容，提升其高阶思维能力和认识能力。

第二节 人工智能融入高校思政课教学模式的类型

教学模式因课堂类型而异，它建立在与之相适应的教育理念之上。人工智能课堂教学模式是教育和科技深度结合下产生的，它为课堂教学注入了一股新动力，让教学过程更睿智，更有效率。人工智能课堂的教学模式包含互动式人工智能课堂教学模式、探究式人工智能课堂教学模式、翻转式人工智能课堂教学模式和混合式智慧课堂教学模式，以下是对它们的详细介绍。

一、互动式人工智能课堂教学模式

互动式人工智能课堂教学模式针对传统教育中师生互动的局限性，采用先进的信息化手段，显著提高了教学效率和学生的参与度。这种模式通过确保每位学生都能在教师的指导下积极参与课堂活动，从而充分体验学习的乐趣，强调了教师在教学过程中的引导作用，同时对学生的主体性给予了充分尊重。在互动式人工智能课堂教学中，教师的角色转变为知识的传递者和学习的引路人。这要求教师不仅要科学安排教学内容的传递方式，还要实时监控学生的学习状况，并据此对教学计划进行适时调整。这样的教学活动更富有成效，也更能激发学生的情感参与，使师生之间的交流更加密切。

人工智能技术在互动式教学模式中扮演了至关重要的角色，主要体现在四个方面：第一，在思政课堂教学中，人工智能能够根据课程内容提供相关的背景知识，创设吸引学生注意力的情境；第二，在讲授过程中，通过展示网络资源或材料来增强学生的学习兴趣；第三，在组织教学活动时，人工智能提供必要的工具和资源支持师生互动，并能即时分析反馈学生的学习情况；最后，人工智能确保课堂教学的顺畅进行，为师生提供包括图表在内的各种辅助工具，贯穿整个教学过程。通过这些功能，互动式人工智能课堂不仅优化了教学流程，还增强了教学的个性化和互动性，使得教学更加高效和生动

二、探究式人工智能课堂教学模式

探究式人工智能课堂教学模式受到新课改的高度评价，它鼓励学生在教师引导下，通过自主、探究、合作的方式积极主动地获得知识。这种模式强调学生的中心地位，推动他们发展解决问题的能力，并使学习过程充满个性和积极性。这种教学模式不再以教师为中心，而是通过小组合作和互动交流，使学生在探究活动中实现认知和情感的学习目标。教师的角色转变为学习的指导者和促进者，而学生则在学习过程中担任更加主动的角色。

探究式学习模式利用丰富的网络资源，使教学主题更加突出，帮助学生更好地理解复杂的政治和社会概念。在这种模式下，学生的学习兴趣得到提升，创造力和创新能力也得到了有效培养。然而，这也对学生提出了更高的要求，他们需要具备较强的自学能力和合作精神。

未来，探究式人工智能课堂有望进一步利用高科技设备，如触摸式互动课桌，使师生更深入地融入探究活动，提高教学质量。

三、翻转式人工智能课堂教学模式

翻转式人工智能课堂教学模式是一个分为课前和课中两个主要环节的教学策略。在课前，学生独立学习教师事先提供的学习材料，这些材料通常包括教学视频和阅读资料，旨在对新知识进行初步介绍和解释。这一阶段，学生可以自主安排学习时间和节奏，为课堂做好准备。课中则是一个深度互动的阶段，学生通过小组合作或教师引导的活动来应用和深化他们已经学过的知识。它的优势在于它能最大化地利用有限的课堂时间，让学生在教师的直接指导下解决学习中遇到的难题，从而更有效地内化知识。

翻转式课程不仅仅是知识的传递,更重视能力的培养。它通过三大模块来实施:首先,在智能云平台上,教师提供的教学视频帮助学生在课前完成教学导入;其次,课堂教学过程中强调师生之间以及学生之间的交流和协作,教师根据学生的个体差异进行个性化教学,帮助学生内化知识并推动其个性化发展;最后,课后学生需要进行独立复习,巩固所学内容,这一过程也是非常重要的,因为它帮助学生长期记忆所学知识并能够将其应用于实际问题解决中。翻转式人工智能课堂教学模式以其高效的学习结构和对个体差异的关照,为现代教育提供了一种极具潜力的教学模式。

四、混合式人工智能课堂教学模式

混合式人工智能课堂教学模式是一种前沿的教育模式,它融合了传统教学、网络信息技术和混合式教学实践活动的优势,旨在提升思政课程的亲和力和吸引力。它的核心在于通过创新教学方法和技术支持,激发学生对思政课的兴趣,从而更好地实现立德树人的教育目标,对于培养具备批判性思维、创新能力和社会责任感的复合型人才具有重要意义。

在高校思政课程中,混合式教学模式与人工智能课堂的结合保留了思政课的独特属性,同时强调了政治性、主体性、智能化和信息化的特点。这种模式以学生为主体,充分考虑学生的需求和兴趣,使学生在学习活动中更加主动参与。

借助互联网技术,混合式教学模式促进了学生与教师之间的便捷互动和沟通。

人工智能在混合式教学模式中的作用主要体现在三个方面:首先,通过智能云服务技术整合线上和线下资源,解决了传统教学中资源匮乏的问题;其次,通过"课前、课中、课后"三个阶段的混合式教学设计,增强了师生间的互动,提高了教学效率;最后,利用人工智能技术提升了课堂教学评价的精准性和科学性,通过实时分析学生的课堂表现,打破了传统教学中仅依靠考试成绩作为唯一评价标准的局限。

第三节 人工智能融入高校思政课教学模式的功能

人工智能课堂建设基于信息化技术平台,而高校思政课人工智能课堂教学模式的构建也离不开人工智能课堂的技术功能支持和教育功能支持,本书将对教学思想、智能工具与资源、师生信息化素养三个方面对人工智能课堂的功能进行阐述。

一、建立大数据驱动信息化教学思想

为构建信息化教学模式,高校需融合大数据驱动理念,以指导教学活动的有效开展。国家层面应重视信息化教学,强化大数据分析力度,结合发展趋势,推动教育事业发展。同时,加强对高校信息化教学的引导。高校管理者应转变管理观念,树立信息化教学管理理念,实现教学管理信息化。教师则应积极学习信息化技术,运用信息化教学方式,将教学内容转化为图片、视频等多媒体形式,利用短视频等手段呈现教学内容,营造生动活泼的教学氛围,激发学生学习兴趣,从而提升教学效果。通过这些措施,高校能够成功创建信息化教学模式,显著提升教学质量。

二、利用智能工具与资源赋能教学

(一)智能工具赋能高校思政课教学

高校思政课中,有一些内容是比较抽象、难以理解的,所以就必须利用智能技术,将这些抽象的知识具象化、场景化,这样才能更好地帮助学生进行学习。智能工具通过多媒体和互动技术,将深奥的思政理论具体化、生动化,增强学生的学习兴趣。同时,这些工具能根据学生反馈调整教学内容,实现个性化教学。此外,智能工具全程记录学生学习状态,为教师提供精准数据，帮助教师评估学生表现，优化教学策略。另外，还可以帮助师生在理论研究的基础上，来深入了解高校思政课的理论体系，并在实践中进行探索式的研究与实践。

传统高校思政课堂面临两大挑战：一是学习资源建设不系统，教材固定且缺乏针对性讲解；二是资源推送服务不够精准，难以满足学生个性化学习需求。人工智能技术为解决这些问题提供了有效方案。利用人工智能技术构建的智能云服务系统，可以根据学科知识体系整合所有思政课内容，形成丰富的教学资源库，便于学生自主选择和学习。同时，该系统还能分析学生的学习喜好和认知水平，向他们推荐符合个人需求的学习资料，从而支持学生的系统性学习和深入探讨。此外，对于思政课中的难点和复杂问题，人工智能技术能够提供可视化的学习工具，帮助学生直观理解知识的来源、发展过程及其内在联系。通过模拟运行过程和关键学习点的检验与评估，学生能够更深刻地把握知识的本质。

（二）教学套件和网络资源赋能思政课教学

教学套件和网络资源已成为赋能思政课教学的重要工具。这些技术手段能够丰富教学内容，提高学生的学习兴趣和参与度，从而增强教学效果。教学套件通常包括多媒体课件、互动模拟和评估系统等，这些工具可以帮助教师以更生动的方式呈现思政课程内容。通过视频、动画和图表，教师能够将抽象的理论知识具体化，使学生能够直观地理解复杂的概念。此外，教学套件中的互动模拟可以让学生在虚拟环境中实践理论知识，这种实践有助于加深学生对知识的理解和应用能力。网络资源则为思政课教学提供了更为广泛的信息来源和交流平台。通过互联网，教师可以轻松获取最新的学术资源和时事动态，将这些内容融入课堂，使教学更加贴近实际，增强课程的时代感和实用性。同时，网络论坛、在线问答和社交媒体等形式，为师生提供了一个平等交流的平台，学生可以在这些平台上表达自己的观点，与教师和同学进行讨论，这种互动不仅能够激发学生的思考，还能促进他们批判性思维能力的培养。通过教具及研习网络资料，将优秀的教师的教育思想及教育方式，提供给全体思政课教师。教师利用合适的套件资源来进行思政课的教学，从而真正地将教育套件和学习型资源赋能到思政课的教育中，也为人工智能课堂支持高校思政课教学打下了坚实的基础。

（三）提升师生的信息化素养

1. 教师信息化素养的提升

（1）实践应用导向的技术和理论学习。随着人工智能技术的发展，教育方式也在不断变化，教师需要掌握新的技术和理论，以适应这种变化。首先，教师需要学习和掌握人工智能的基本知识和技术。这包括机器学习、深度学习、自然语言处理等。这些技术可以帮助教师更好地理解和使用人工智能，从而提高教学效果。例如，通过使用机器学习算法，教师可以分析学生的学习数据，了解学生的学习情况，从而提供更个性化的教学。其次，教师需要学习和掌握人工智能在教育中的应用。这包括在线教育、智能辅导、自动评分等。这些应用可以帮助教师提高教学效率，减轻工作负担。例如，通过使用在线教育平台，教师可以发布课程资料，管理学生作业，进行在线答疑等。最后，教师需要学习和掌握人工智能伦理和法律问题。随着人工智能的发展，其伦理和法律问题也日益突出。教师需要了解这些问题，以确保在使用人工智能时遵守相关的伦理和法律规定。

总的来说，人工智能时代的教师的实践应用导向的技术和理论学习是必要的。这不仅可以帮助教师更好地理解和使用人工智能，提高教学效果，也可以帮助他们遵守相关的伦理和法律规定，确保教育的公正性和公平性。

（2）培养和提升利用人工智能技术解决问题的思维能力和技能。在人工智能时代，教师的角色已经超越了传统的知识传递者，而是成为教育创新的引领者和促进者。他们需要掌握和应用最新的技术，推动学科教学的发展，同时对教学内容进行深度延伸和跨学科融合。这要求教师具备整合四元空间的能力，即问题、资源、工具、活动和评价，以培养学生运用人工智能技术解决问题的思维和行为习惯。教师还需要利用人工智能技术的评价功能，积极调整教学策略和方法，以实现教育的个性化和高效化。这意味着教师需要不断更新自己的教学方法，以适应不断变化的教育环境。在人工智能的视角下，教师应引导学生超越课本，将视野和思维转向更广阔的情境。借助以人工智能为核心的技术，教师能够延伸并丰富教学科目的内容，开阔学生解决问题的思维方式。这样，学生可以在面对复杂多变的真实问题时，学会利用人工智能技术进行思考和解决问题。同时，教师还应引导学生体验人类智能与机器智能解决问题的不同模式，鼓励他们发展那些人工智能所不具备的能力，如创新思维、批判性思考和人际沟通能力。这些都是在未来社会中不可或缺的能力。

可见，教师具备前瞻性视角和创新思维，以引领学生适应未来社会的需求。从人工智能的角度来看，教师信息素养的提升不仅包括技术的学习和理解，也需超越作为教学辅助工具的认识阶段。重要的是教师能主动运用技术解决问题，并设计相应的学习内容以培养学生利用人工智能技术的思考方式。同时，教师还需要能够准确评估这种技术及其效果，以确保其在实际教学中的有效应用。

（3）人工智能技术为教与学设计、实施与评价提供了新的可能性和机遇。在信息技术日新月异的今天，以人工智能为代表的技术正在深度赋能教育。教师不仅要掌握这些技术，更要理解如何将其融入教学中，成为学生的学习伙伴。同时，教师还需评估技术与学习需求的关系，提升评价数据的使用素养，利用数据进行教学反馈和改进。在此过程中，数据隐私和安全的问题不容忽视，教师必须对此有充分的认识和重视，确保学生的个人信息得到保护。在人机协同的教与学环境下，人工智能教师的角色正在发生深刻变化。他们不再仅仅是知识的传播者，而是成了学生学习的帮手。

人工智能技术在教育领域的应用，无疑为教师提供了强大的辅助工具。它可以帮助教师从繁重的重复劳动中解脱出来，专注于更高层次的教学设计和个性化指导。然而，教师必须清醒地认识到，人工智能虽然强大，但它无法替代人类教师的所有功能。人类教师的情感关怀、创新思维和人际交互能力是机器无法复制的。因此，教师需要掌握与人工智能协同工作的能力，发挥各自的优势，形成相互赋能的关系。

深度融合人工智能与教育，需打破传统教学模式。借助人工智能技术优势，我们在四元空间中推动以学生为中心的问题解决学习，使学生从知识接受者转变为生产者。

2.学生信息化素养的提升

提升大学生信息素养，需要学校教育的培养、良好的环境、大量的资源、专业的信息技术知识。其中学校教育是基础，一般而言有三种主要的方式：(1)通识课程类。与信息技术知识相关的课程、讲座、培训等构成了通识课程。这些通识课能够让非计算机专业背景的学生能够通过听取基础知识迅速的掌握相关信息技术，可以起到良好的知识普及作用，但是它的不足之处就是理论知识和实践运用联系不够紧密，将影响信息技术知识在专业领域的进一步运用。为应对这些不良影响，未来相关通识课应进行改革，应以提升学习能力、分析能力、解决问题能力为目标。

(2)专业融合类。专业融合的信息素养培养方式是将信息素养教育与学科专业内容紧密结合，通过实际项目操作和跨学科学习，培养学生在特定领域应用信息知识、技能和创新思维的能力。专业融合类的信息素养培养方式，强调将信息素养教育与学科专业内容紧密结合，通过跨学科学习和实际项目操作，培养学生在特定领域应用信息知识、技能和创新思维的能力。相比通识课程，专业融合的优势在于更有利于学生学以致用，培养其创新思维和解决实际问题的能力。同时，导师能及时发现问题并给予引导和干预，帮助学生形成正确的信息素养价值观，为其未来职业生涯奠定基础。

(3)服务应用类。在人工智能时代，高等院校图书馆在培养大学生的信息素养方面发挥着至关重要的角色。通过文献检索及培训服务，图书馆不仅提供信息资源，还显著影响学生的信息素养。图书馆服务应利用人工智能等技术提升服务效率，同时图书馆教师需强化对学生信息道德和信息意识的指导。图书馆应巩固学生的知识与技能基础，并注重发展学生高层次的信息创新能力，以适应不断变化的信息环境。

第五章 人工智能融入高校思政课教学的路径

人工智能为高校思政课教学方法的创新提供了条件和可能,我们要充分运用人工智能的思维方式和技术优势,推动高校思政课教学方法的变革创新,增强高校思政课教学的针对性和实效性。

第一节 坚持正确导向

人工智能作为一项革新技术,与高校思政课深度融合,首先需要解决"技术向善"的问题,即人工智能融入高校思政课的价值导向的问题,以保障人工智能对高校思政课的正向作用。因此,要坚持马克思主义以及党的创新理论的指导,明确正确的政治导向;把握高校思政课的本质要求,明确正确的育人导向;高校思政课要为人工智能运行和发展提供正确的价值导向。

一、坚持马克思主义以及党的创新理论的指导,明确正确的政治导向

中国共产党是以马克思主义和创新的马克思主义理论为指导的。而高校思政课又是中国共产党为培养社会主义建设者和接班人的社会实践活动,同样也离不开马克思主义和创新的马克思主义理论的指导,这是事关政治方向的根本问题。

(一)马克思主义哲学为人工智能“定性”

马克思主义是马克思、恩格斯创立并为后继者发展的关于无产阶级和全人类解放的学说,马克思主义哲学、马克思主义政治经济学和科学社会主义,是其理论体系不可分割的三个主要组成部分。马克思主义哲学是揭示自然界、人类社会和思维发展一般规律的科学,是无产阶级的世界观和方法论,是其认识世界和改造世界的重要武器,也是马克思主义理论体系的基础。辩证唯物主义作为马克思主义哲学的世界观和自然观,作为现代唯物主义哲学的科学形态,对人工智能融入高校思政课,尤其是探讨人工智能的相关问题,具有十分重要的意义。就辩证唯物主义角度而言:一方面,人工智能在相当程度上是还处于“弱人工智能”阶段,它看起来似乎是智能的,但是并不真正拥有智能,当然也不会存在自主意识。它只是使用机械或者电子设备模拟人的部分思维能力,其本质无非对人的思维的模拟和延伸。作为对人脑思维的模拟,人工智能无法达成人脑思维的高度,其所能实现的只是像人一样思考,而不是人的思考,它无法到达人脑思维的高度,无法超越人脑。在人机关系中,人工智能虽然是具备高度智能的机器,但是其仍然是物质工具的中间环节,仍然作为实践中介的形态出现,无法跳脱一定主体的统摄。换言之,人工智能融入高校思政课是以技术出场,其意义不在于代替高校思政课的育人主体,而是为了帮助后者提升高校思政课实效。另一方面,在充分认识到人工智能的本质后,也绝不能对其轻视,应当充分认识人工智能所带来的高校思政课的变革,绝不要低估前者对后者的改变。

(二)党的创新理论为人工智能融入高校思政课指明方向

中国共产党人在领导中国革命、建设和改革的过程中,逐步将马克思主义基本原理同中国具体实际相结合、同中华优秀传统文化相结合,形成了中国化的马克思主义理论体系。这些理论指导既是对过往实践经验的总结,也是对当下和未来实践的指导。毛泽东大力提倡学习科学知识,鼓励科学研究,号召“向科学进军”;邓小平同志提出“科学技术是第一生产力”;江泽民同志提出“科教兴国战略”;胡锦涛同志提出“走中国特色自主创新道路”;习近平总书记提出“把创新作为引领发展的第一动力”。纵观党的历史,党中央始终高度重视科学技术,适时作出重大战略部署,不断提高科技事业在国家发展全局中的位置并不断推动科学技术同其他领域的深度融合。习近平新时代中国特色社会主义思想,尤其是习近平总书记关于人工智能的相关论述,明确了人工智能发展的指导思想、战略机遇的重点任务,要求人工智能融入高校思政课必须进一步凸显人工智能的技术发展与其隐含的意识形态性,明确政治性,更好地为高校思政课服务,为党的思想文化建设服务。同时,新时代的教育方针,培养学生德、智、体、美、劳全面发展仍是人工智能与高校思政课融合的关注点,这也是必须坚持的政治方向。

二、把握高校思政课的本质要求,明确正确的育人导向

马克思主义认为,人的认识与实践是一对辩证关系,认识来源于实践又指导实践。换言之,人的任何行为背后都隐藏着一定的目的性。实现人工智能与高校思政课的深度融合同样如此,不能回避二者融合后“是什么”“要做什么”的问题。

(一)优化了的高校思政课,归根结底还是高校思政课

人工智能融入高校思政课实现了技术对高校思政课创新发展的助力。马克思、恩格斯在《共产党宣言》中指出:“资产阶级在它的不到一百年的阶级统治中所创造的生产力,比过去一切世代创造的全部生产力还要多,还要大。”这深刻说明,人类社会的社会生产,由于生产方式的发展而不断扩大。同样,作为一项实践活动的高校思政课,也受到来自科技进步带来的积极影响。

一方面,人工智能促进高校思政课的发展。高校思政课是现实社会中的活动,不能离开社会发展、时代进步的趋向闭门造车,否则,会越来越失掉生机活力,育人效果将大打折扣。作为一项做人的思想的工作,高校思政课为了有效实现育人目标,需有效实现对人的思想行为的正确判断和预估、对学

生知识和信息接收情况的及时掌握、对教学活动的灵活开展和调整等，都需要借助一定的技术手段特别是人工智能加以实现。但需注意的是，人工智能与高校思政课的融合，不仅仅局限于以先进的技术承载旧的教育内容以及教育方式，或者说只是以技术服务于片面的应试目标，而是人工智能带来教育的变革，推动高校思政课的创新，二者的融合不仅是简单相加的物理变化，而且是相得益彰的化学反应。

另一方面，人工智能融入高校思政课，说到底仍是高校思政课。实现人工智能与高校思政课的深度融合，高校思政课并不会因新的智能化技术渗入而产生颠覆性改变，即高校思政课原有的模式遭到根本性改变，如智能机器人完全代替教师，价值理性让位于工具理性等。应该说，人工智能融入高校思政课的理想蓝图，是人工智能促进高校思政课的创新发展，是高校思政课对人工智能的有序、有效把控，使高校思政课更加有趣、有效，学生的获得感更多，而不是人工智能跃居高校思政课之上，技术淹没价值，抽离后者的价值引导性，这是必须注意的。

（二）人工智能融入高校思政课要以实现立德树人这一根本使命为要求

习近平总书记在多个场合反复强调，高校思政课要“坚持把立德树人作为中心环节”。立德树人需要解决的是“立什么德”“树什么人”的问题。从中国特色社会主义发展需要来看，高校思政课要着力以传统美德塑造中华优秀传统文化传承人、以社会主义核心价值观培养社会主义建设者和接班人、以综合素质教育培育堪当大任的时代新人。立德树人是功在当代、利在千秋，立足人本、着眼全面的事情，实现这一目标，高校思政课不能缺席也无法缺席。作为当前代表科技最前沿的人工智能，能够增强高校思政课传道的水准，结合人工智能的现代化特征，能够实现传统模式与现代手段的结合。同时，对提升学生的积极性、为高校思政课注入活力大有裨益。人工智能与高校思政课的深度融合，要摒弃“流量为王”的价值导向，全面落实立德树人的使命要求。反之，要以人工智能之“术”，传好高校思政课之“道”，防止人工智能发展失去政治方向，使人陷入认识偏执、隐私泄露、“信息茧房”

等境地,从而更有效地落实使命。因此,人工智能融入高校思政课要坚持育人导向,坚持术与道统一的同时要抓重点抓主流,坚持高校思政课的根本使命不放松,做到“咬定青山不放松”,这是二者融合发展的出发点与落脚点。唯有如此,二者融合才更有持续性和生命力。

第二节 增强学生的主体性

在人工智能时代,高校思政课活动愈发指向精准性和“技术依赖性”,学生在特定社会文化和教育环境下,难以有效“去选择”“去践行”“去承担”自己认为重要的事情,这在一定程度上导致自身主体性丧失。因而,有必要增强学生主体性,引导其更好地适应人工智能时代的教育活动,克服人工智能带来的弊端。具体而言,要准确把握基础问题,保障学生的主体性;立足人工智能时代,助力学生主体性养成。

一、准确把握基础问题,保障学生的主体性

保障学生的主体性,前提在于对一些基本问题和关系进行厘清。前提清晰明了,措施手段才能更加有效和有力。

第一,如何认识学生主体性在教育过程中的存在。有人认为,传统的教育,抑或说高校思政课,以目标为导向、以成绩为落脚点、以“灌输”为手段,是从根本上对学生主体性的剥夺。但事实上并非如此,传统高校思政课并非不注重学生的主体性,而只是将学生主体性解构为不同的指标并以不同的方式加以实施,导致教育过程不是以整体性而是以碎片化的样态存在,学生的主体性难以真正展开和构建。反观在人工智能时代,学生主体性的遮蔽实则与这种碎片化的形式紧密联系,这就需要跳出认知与实践的碎片化,从整体的、价值论的角度对学生主体性加以审视。古往今来,高校思政课的

意义:一方面在于“传道授业解惑”帮助学生完善心智、提升道德、健全人格;另一方面在于帮助其获得终身发展的能力,使其纵使离开学校、离开教师,仍然以一个具备主体意识、主体能力以及能够承担主体角色的个体存在,能够在纷繁复杂的社会中立足并实现个人和社会价值的高度统一。由此观之,当人工智能与高校思政课“撞了个满怀”后,不能再将先验性、不变性作为学生主体性的特征,要以动态的、生成的眼光加以审视和把握,充分认识到学生主体性的实现是以活动和行动为保障的。

第二,如何认识人机协同中的“人机关系”。人工智能在高校思政课中的运用,使得“人机关系”成为其运行过程中的一对重要关系,但“人机关系”由于会影响学生对人工智能的认识、影响人工智能对学生的作用方式,也在一定程度遮蔽了学生的主体性。因而,有必要对“人机关系”进行厘清和界定。

(1)从伦理空间把握“人机关系”:马克思、恩格斯在强调人的发展时,格外强调“自由”和“全面”,这也成为当下包括高校思政课在内的所有教育活动的基本立足点,即以学生的全面、多元发展为目标,并且这种发展是基于关照和体现学生主体性的。为此,人工智能时代下高校思政课不能仅停留在思想道德层面的完善,还应当体现为对学生主体性的充实与发展。

(2)把握人工智能在学生主体性发展中的作用:人工智能可通过算法对学生进行“电子画像”,这在为精准描绘学生思想行为特征方面提供了助力,但为学生提供适应性内容的同时,也将人扁平化处理了,使教师在成为“数据人”的情况下被忽视“现实的人”的主体性。因此,应当从人工智能阻碍学生主体性实现的“堵点”出发,进一步明确人工智能在高校思政课中的作用边界。

(3)把握人工智能与学生的互动方式:不言而喻,在人工智能时代下的高校思政课中,人工智能与学生间的互动并不仅仅局限于机械化的机器与具有高度智慧的学生间的互动,也不像现实中拥有独立意识的教师与学生间的互动,应当将其作为以上两者互动之间的一种方式加以审视。人工智能既能发展人的主体性,又能遮蔽人的主体性,这便要求在互动中采取积极手段抑制消极影响,充分实现学生主体性的发展。

二、立足人工智能时代,助力学生主体性养成

帮助学生形成主体意识,除了教师要转变观念外,离不开学生自身的自觉意识,离不开一定的实践活动的养成。实现人工智能与学生的有效协同。推动人工智能成为学生发展的助力,必须重视学生在人工智能时代特别是智能环境下主体性的养成和实现。

1.帮助学生正确认识和体悟人工智能。不言而喻,人工智能和高校思政课的跨界融合,在给学生带来机遇的同时,也带来了风险和挑战。在人工智能时代,教师通过多维的个体诊断形成个性化的教学设计,使学生可以获得超越个人有限的知识背景和认知偏好。但就风险而言,人工智能使得教育教学过程“唯技术”“泛机器化”严重,学生自主学习、独立思考、批判思维在一定程度被消解。具体而言:一方面,智能机器人拥有比学生更为丰富的知识储备和运算能力,学生一旦在学习过程中遇到问题,往往下意识地会寻求智能机器人的帮助,同时也更为信赖所谓的“最佳方案”。但这种行为也导致学生在难题面前不再像以往那样经过“硬思考”和字斟句酌,对问题的认识凸显出片段性、依附性,使其独立思考能力和批判性思维被弱化。另一方面,由于适应性反馈的应用,学生获得大部分知识和信息都是根据自身的“痕迹”而来,它们被直接送到学生面前,不需要再花费任何的气力就可以轻松得到,而这些知识和信息到底在多大程度上与学生相匹配,还有待进一步证实。但可以确定的是,这种“喂饭喂到嘴里”的形式,容易让学生产生依赖感,使得其更难有自主学习的意识和能力,更难实现对既有内容的批判和进行对知识的创新创造。因而,要培养学生对人工智能的合理认识,帮助学生自觉主动地选择并利用人工智能进行辅助性学习,引导其充分认识个体在人工智能时代的角色。

2.培养学生正确运用人工智能的技能。虽然学生的主体性在人工智能时代遭到了一些消解,但是这并不意味着要对人工智能持完全否定的态度。

具体而言:其一,教师要用"感觉"代替说教。就人的天性而言,只有当学生对人工智能产生了情感认同,并将其作为乐趣和生活的一部分,才可能引发学生对人工智能知识的渴求,以及探索和创造的激情。在社会的一定区域或者学校,提供可以动手、可以创造的环境对学生把握人工智能的"感觉"尤为重要。比如,提供VR、AR、3D打印、激光雕刻、机器人编程、音视频制作等设施,正是适应这一要求的关键措施。其二,学生要对人工智能参与教育教学的边界进行研究和把握,同时有意识地进行针对性训练,对其"恶"的一面进行抑制。比如,在教育过程中,对依托人工智能呈现的教育内容,学生要多思考。此外,学生要坚持批判和独立思维,提升主动学习、善于沟通、富于创造的能力,谨防在运用人工智能的过程中形成学习"路径依赖症"。其三,切实提供外部保障。面对人工智能在高校思政课中可能造成的对学生主体性的湮灭,需要通过建立相关的制度机制以预防、化解人工智能对学生主体性的威胁。例如,建立健全合理的反馈机制,当教师通过大数据和算法对学生相关数据进行收集并在此基础上分析处理得到个性化的教学设计,教学实施中,要及时建立同学生的反馈交流机制,保障学生对"精准教学"的内容提出问题和间接反馈的渠道。此外,要建立健全合理的使用机制,明确哪些事情是不依托人工智能的技术力量就能做到的,哪些是有必要借助的,将人工智能的使用限定在合理的范围内,充分保障学生的自治性。

第三节 建立相关法律法规体系

人工智能作为一种新科技,作为新的生产力的代表,必然会对人类的社会生活带来一定的影响。人工智能与高校思政课的深度融合,对当前的法律适用带来了一定挑战,也造成了一定的道德法律风险。克服人工智能融入高校思政课带来的潜在法律风险,需从制定和完善相关的法律法规、构建以技术和法律为主导的风险控制机制和强化人工智能法律法规的执行落实等方面加以着手应对。

一、制定和完善相关的法律法规

任何潜在的法律风险的存在,或多或少是因为现有的法律法规难以适应新出现的事物,难以应对新情况。人工智能作为一种新技术,与传统的高校思政课活动深入融合,演变为更具特点的事物,造成了对现有法律法规的冲击。要化解这一矛盾,需从制定和完善相关法律法规入手,实现对新事物由不适应到适应的转变。

第一,要明确制定和完善相关法律法规的价值目标。把握价值目标,是人工智能法律理想与现实、应然与实然的对立。法律的理想价值总是高于法律的现实价值,标记着法律的完善和演进方向。具体而言:一是坚持安全价值。人工智能作为一项具有代表性的未来技术,虽尚在深入发展之中,但已经嵌入了当下社会生活的方方面面,尤其是在教育领域。近年来,许多学校将依托"人脸识别"的智慧课堂搬进教室,在带来一定积极效果的同时,也引起了一部分社会争论。支持者认为,教室是公共场所,所以不存在"侵害隐私"的说法;反对者强调,教室虽然是公共场合,但这也不代表教师在课堂上就没有隐私——学生在课堂上同样有涉及个人隐私的行为。这一争论实则说明,人工智能与高校思政课的融合,已经引发了人们对其安全问题的关注和担忧。因此,人工智能融入高校思政课的伦理规范、应用规范等,皆是相关法律法规应当注意的问题。二是坚持创新价值。创新价值体现为以立法的形式保障人工智能发展政策的制定,这并不是要限制人工智能技术或者其与高校思政课的深度融合,不是要人为地束缚其发展,而是以这种方式最大限度规避发展的误区,为推进高校思政课和人工智能的创新发展提供法治保障。

第二,立足实践制定和完善相关法律法规。就实践来看,国家在互联网信息服务和信息安全等方面，相继出台了《互联网信息服务管理办法》《互联网群组信息服务管理规定》《中华人民共和国网络安全法》等法律法规，但总体而言，它们对人工智能的针对性和适用性相对不足。2019年3月5日，张业遂在十三届全国人大二次会议新闻发布会上表示，全国人大常委会已经将数字安全法、个人信息保护法和修改科学技术进步法等与人工智能密切相关的立法项目列入本届五年的立法规划。这说明，针对人工智能方面的立法已经被列入抓紧研究项目。法律规制一般有两种方式：一种是针对可能出现的问题进行预先判断，实现事前规制；另一种是在事物发展过程中，针对出现的问题进行判断，实现事中规制。人工智能融入高校思政课，是一项具有变革性质的活动，很多问题难以事前预料，这就要求在人工智能与高校思政课的融合过程中，坚持目标导向和问题导向相统一，着重对人工智能融入高校思政课存在的机器人的主体问题、侵权问题和隐私保护问题加以审视和研究，及时制定和完善相关法律法规，为二者的深度融合打下坚实基础。

第三，借鉴外国经验制定和完善相关法律法规。国家间的制度差异并不能否定对方制度安排中的有益成分。西方发达国家在法律建设方面起步很早，走了很长的路，为应对人工智能可能的风险挑战出台了许多相应的法律法规。例如，欧盟相继出台的《欧盟人工智能法律及政策》《2014—2020年欧洲机器人技术战略研究计划》《地平线2020战略——机器人多年度发展战略》《欧盟人工智能》《欧盟机器人民事法律规则》，美国陆续发布的《人工智能增长研究法案》《国家人工智能倡议法》《生成人工智能网络安全法案》《AI应用监管指南备忘录(草案)》《人工智能应用规范指南》。这些法律法规或政策涵盖了人工智能发展的许多方面，能够在一定层面为中国在“人工智能+教育”方面的相关立法提供借鉴。基于此，应当从不同文明中寻求智慧、汲取营养，做到不忘本来、吸收外来，以我为主、博采众长，以使相关法律法规的设计更为完善和全面，更加适应人工智能的发展要求和人工智能与高校思政课深度融合的现实需要。

二、构建以技术和法律为主导的风险控制机制

人工智能与高校思政课深度融合，在对两者产生变革性影响的同时，也带来了利用技术时违背技术规律的现象，从而产生了社会风险。防范和应对二者融合潜在的风险，可运用技术和法律两个层面的综合治理机制加以应对。

1.以法律控制作为风险控制机制的主要手段。人工智能的持续发展、融入社会生活已然是一个不可逆的趋势，应对潜在风险挑战，必须从具有规范性和强制性的法律着手。

首先，明确“规制谁”的问题。在人工智能与高校思政课的深度融合中，技术所涉及的主体包括商业平台、技术开发公司和教师等。虽然对多个主体的控制并非易事，但通过对治理结构和责任的诸多规制，法律仍能起到应有的效果。

其次，明确“规制什么”的问题。在人工智能融入高校思政课的过程与法律规制的探索中，数据是一个绕不开的话题。人工智能与高校思政课融合“何以可能”，一个重要的契合点在于人工智能依托数据采集、运算、分析的强大优势作出决策促进高校思政课活动的调整和优化。其关键在于，数据并不来自政府、第三方平台等，而是来自每一个学生。例如，随着智慧课堂的引入，教师与学生在课堂中的表情、语言和动作等信息被全部记录，存在着个人隐私被侵犯的争议。这实则说明，学生作为数据的产生者，他们有权选择以怎样的方式存储、管理和使用他们各自的数据。

保护学生乃至人工智能背景下每一个个体的权利，应从以下方面着手：一是对数据的收集和使用不能局限于数据所有者的授权，应当在政策和法律层面进行授权；二是对利用人工智能可能推导出超过公民授权的信息的行为进行规制；三是对个人数据管理采取延伸式保护。

2.以技术控制作为风险控制机制的重要措施。应对人工智能在高校思政课活动中所造成的风险，不应局限于法律框架内，也可通过技术规制加以实现。具体而言，它以法律规范、政策规定和伦理规则的形式呈现，强调主

要以事前预防为主、事后补救为辅，建立技术研发和应用责任制。《中华人民共和国宪法》第五十一条规定，中华人民共和国公民在行使自由和权利的时候，不得损害国家的、社会的、集体的利益和其他公民的合法的自由和权利。这从国家根本大法的角度对以人工智能为代表的技术的发展指明了方向。《中华人民共和国专利法》具有激励科技创新的作用，是激励人工智能发展的法律表现。防止和禁止权利滥用，化解人工智能的潜在风险，要将权利限制在制度规则内。此外，虽然《中华人民共和国科学技术进步法》《中华人民共和国促进科技成果转化法》等法律法规规定了科学技术研究的禁止领域，但无具体的实施办法。因而，还应对相关法律法规进行完善，实现对人工智能的研发和在高校思政课活动中的应用建立限制、禁止和惩戒机制以及鼓励、支持、激励机制，促进人工智能在高校思政课中有序运用和良性发展。

三、强化人工智能法律法规的执行落实

法律的生命力在于实施，法律的权威也在于实施。克服人工智能潜在风险，除了推动相关立法外，还必须强化其执行落实，这是人工智能与高校思政课深度融合的有效保障。

1. 监管部门要强化履职尽责的意识。监管部门是化解人工智能技术风险的有力保障。通过监管：一方面能够防患未然，将风险在生成时就予以化解，或是在未造成巨大社会危害时予以解决；另一方面，能够及时预警和引导，帮助人工智能技术在高校思政课中的运用合法合规，实现合目的性与合规律性的统一。强化监管部门履职尽责的意识，要牢记使命责任。通过教育学习，帮助监管部门和工作人员（如学校的网络信息中心、政府的网络安全部门等）认清自身的工作职责，坚决克服懒政、怠政，避免不作为、乱作为，做到勇于担当、敢于尽责。如果监管部门没有做好工作，就会让不法分子有机可乘，导致一定的损失。要引导监管部门充分认识自身工作对促进人工智能技术的发展、推进人工智能与高校思政课深度融合的重要意义，提升其职业和工作的认同感、归属感，提高其尽职履责的内生动力。

2. 创新监管方式。人工智能作为一项全新的、具有革命性意义的技术，对其法律监管存在一定难度。因此，需运用智能思维、依托智能手段对人工智能的应用情况进行法治监督。

（1）创新对数据的监管：一方面，对掌握包括学生在内的个体数据的科技公司予以重点关注，对其数据库进行电子监控，建立数字密钥系统，对来自可疑信道的数据和运用未经许可的数据的行为进行危险告警。另一方面，建立智能化机制化解可能出现的危机。发现紧急情况、进行紧急情况报备后，通报企业让其内部解决，并通过该机制进行分析，制定解决方案。如果出现机制失灵，可采用断电或者断网这种传统措施加以解决。

（2）要注重技术背后的人：人工智能作为一种人造物，必然带有设计者的价值倾向，需加强对人工智能发展中人的违规行为的监控。

（3）要关注教师：不言而喻，人工智能融入高校思政课，首要解决的问题是“谁来融”的问题，即谁来做的问题。教师作为教育活动的发起者、组织者和实施者，他们在教育教学过程中一些有意或无意的行为可能违背一定的法律法规和伦理道德，有必要对其教学行为加以必要的、最小限度的监管。例如，通过系列培训活动，加强教师对相关法律法规的认识，厘清人工智能融入高校思政课时哪些行为是法律允许的，哪些是法律禁止的；相关部门可以通过课堂实时监控和教师数据使用情况，全盘了解和掌握教师的行为情况。

3. 公正文明执法和加强宣传。法律法规的执行落实，即执法。由于人工智能涉及对众多人群的数据采集，涉及相当广泛的个人敏感信息，执法人员必须加大这一与人民群众切身利益相关的重点领域的执法力度。在政府部门层面：一方面，明确操作流程。明确事前、事中、事后的工作重点，对行政许可、行政处罚、行政强制、行政征收、行政收费、行政检查等执法行为加以规范。另一方面，落实执法责任制。建立健全执法全过程记录制度，确定执法部门、人员的执法责任，推动相关人员尽职尽责。在学校层面，要加强对涉嫌违反相关管理条例、法律法规、道德伦理的教师按照相关章程严肃处理。就根本而言，执法的目的不在于处罚，而是规范。

要大力宣传国家打击人工智能相关领域违法犯罪行为的措施，在社会上形成一种违法必究、执法必严的氛围，形成一定的震慑力，促进人工智能技术朝着正确的方向发展，助力人工智能与高校思政课的深度融合。例如，对于在教育活动中有意公开学生信息的相关行为、不构成违法犯罪的，要在系统内予以惩戒；构成违法犯罪的，要坚决依法处理，并进行一定范围内的公开。

第四节 转化高校思政课的话语权

在人工智能时代，实现高校思政课话语转化，巩固高校思政课的话语权，对于提高大学生思想政治素质至关重要。

一、摆脱话语权困境的维度

1.提升思政话语体系的影响力。在人工智能时代，提升高校思政课话语体系的影响力是一项重要任务。为了实现这一目标，我们可以从利用算法的角度去探讨。首先，我们可以利用自然语言处理(NLP)算法对高校思政课话语进行深度挖掘和分析。通过对大量文本数据的学习，NLP算法可以自动识别出关键词、主题和情感等信息，从而帮助我们更好地理解高校思政课的核心内容和价值观。其次，我们可以利用推荐系统算法为用户提供个性化的高校思政课资源。推荐系统算法可以根据用户的兴趣、需求和行为特征，为其推荐最相关、最有价值的高校思政课内容。这样既可以提高用户的学习兴趣和效果，也有助于扩大高校思政课话语体系的影响力。再次，我们可以利用社交网络分析(SNA)算法挖掘高校思政课话语的传播网络和影响力。SNA算法可以帮助我们识别出在高校思政课领域具有关键影响力的人物、组织和观点，从而为我们制定有效的传播策略提供依据。最后，我们可以利用机器学习算法对高校思政课话语进行智能生成和创新。通过对大量高校思政课文本数据的学习，机器学习算法可以掌握其内在逻辑和表达方式，从而为我们生成具有高质量、符合时代特点的高校思政课话语提供支持。

2.汲取思想资源。自改革开放以来，我国在经济、政治和文化领域经历了翻天覆地的变化，人民的生活水平得到显著提高，同时他们的思想观念和价值取向也在不断地演变和发展。

中国特色社会主义理论体系是共产党在长期实践中形成的，具有鲜明的中国特色和时代特征。它为我们提供了科学的理论指导和行动指南，是我们坚持和发展中国特色社会主义的根本遵循。因此，只有深入学习、理解和运用这一理论体系，才能更好地把握时代脉搏，回应社会关切，增强思政工作的针对性和实效性，从而有效提升我们的思政话语权。在人工智能时代，思政课理论体系具有科学性、系统性和时代性，能够为我们在人工智能发展中提供正确的价值导向和指导原则。为提高思政话语权的理论水平，我们需要从中国特色社会主义理论体系中汲取营养。借助于这一独特的理论体系，我们可以将思政教育深入人工智能，以更符合当代受众心理特征的形式展现中国特色社会主义文化。通过潜移默化的方式，我们能够赢得思政话语权，并拓展思政话语的传播空间。

3.搭建思政教育的新平台。依托人工智能技术建构思政教育新平台是当前思政教育的要务，这是由时代发展的需求决定的，是符合思政话语权发展客观规律的必然趋势。话语权的建构与人工智能之间并不完全相悖。实际上，人工智能可以为思政教育提供更高效、个性化的教学手段和资源，帮助学生更好地理解和接受思政理论人工智能平台，可以为教师提供个性化教学、智能评估和反馈、教学资源推荐等支持，提高教学效率和质量。这是传统思政教育无法媲美的。随着时代的发展和实践的推进，我们需要不断创新和发展主流意识形态理论，以适应变化的现实需求。这是提升社会主义意识形态吸引力的必要条件。只有不断更新和完善理论，才能更好地引领社会思潮,增强社会主义意识形态的吸引力和影响力。随着人工智能时代和虚拟现实等新媒体技术的发展,传统的信息呈现方式被颠覆了。这为思政话语体系以更具吸引力的文化形象传播到更广阔的社会空间创造了条件。因此,我们需要转变提升思政话语体系影响力的传统思路,不仅要注重内容的质量,也要注重形式的创新。因此,高校思政课教师应紧跟人工智能发展潮流,加强对人工智能技术的应用。

需要精准了解学生的需求,善于利用视觉新技术推送个性化内容,进行有针对性的舆论引导。这样可以增强主流意识形态的吸引力和认同度,提高其在现代社会中的渗透和内化效率。同时,巩固在意识形态领域中的话语权威和领导地位,进而更好地利用人工智能技术提升思政话语的感染力和影响力。

同时,校级主管部门也要主动建立思政教育的权威网站与互动交流平台,我们需要培养思政教育的意见领袖和信息源,以有效丰富思政话语权的时代内涵。通过他们的影响力和专业知识,可以更好地传播和推广思政教育的理念和价值观。我们应该充分利用人工智能平台的教育引导和组织凝聚功能,与受众进行互动,创作高质量、有趣且富有内涵的思政教育新媒体作品。这样可以发挥思政教育的重要作用,解答疑惑,提供人文关怀,并提升教育水平。我们应紧扣时代脉搏,抓住话语时机,用朴实真挚的情感展现思政教育在人工智能时代的风貌,并占据主要阵地。

4.提高高校思政课教师意识形态能力建设。具体而言,提高高校思政课教师意识形态能力建设主要包括以下几个方面:

第一,增强高校思政课教师参与人工智能平台搭建的意识。高校思政课教师要想快速适应人工智能环境并有效开展工作,就必须不断增强自身驾驭人工智能平台的能力。这启示教师应该积极拥抱人工智能技术,在日常的生活、工作场景中了解人工智能平台,并运用人工智能技术解决问题。具体来说:应不断掌握人工智能的应用技术,扩大信息覆盖面,掌握信息传播主动权。同时,借助人工智能工具主动了解学生的思想动态和心理动态,加强与学生的互动。教师还需具备敏锐的信息意识,甄别智能平台上的海量信息,为思政话语权的建构提供有效的话语内容。

第二,提高高校思政课教师话语创新开发能力。在人工智能时代,高校思政课教师需要提高话语创新开发能力,以更好地引导学生并传递正确的价值观。首先,教师应深入了解人工智能技术的发展和应用,了解其对社会生活和价值观念的影响,以便能够有针对性地引导学生正确理解和应对人工智能带来的挑战和机遇。其次,教师需要不断更新知识和教学方法,结合人工智能技术的特点,设计更具吸引力和互动性的教学内容和活动,激发学生的兴趣和思考能力。此外,教师还应积极参与相关研究和学术交流,与同行分享经验和教学资源,不断提升自身的话语创新开发能力。

第三,高校思政课教师要紧跟人工智能工具的发展动态,了解不同社会领域成员和年龄人群的特点和心理状态。在重大社会问题和舆论影响下,分析受众的心理特点和话语诉求,运用受众乐于接受的修辞手法,创造出具有时代特征和现代气息的话语。这样可以更好地与学生沟通,增强高校思政课的吸引力和影响力。

二、人工智能融入高校思政话语的转化途径

1. 变革思政话语观念。在人工智能时代,思政话语观念需要进行变革。首先,话语权观念需要转变。传统的思政教育中,教师是话语的主导者,学生是被动接受者。而在人工智能时代,学生可以通过智能设备获取各种信息,因此教师应该成为学生思想引导者和学习伙伴,与学生进行平等对话和互动。其次,话语内容观念也需要改变。传统的思政教育注重灌输知识,而在人工智能时代,学生更加注重实践和应用能力的培养。因此,思政教育应该注重培养学生的创新思维、问题解决能力和团队合作精神,使他们能够应对未来的挑战。此外,话语安全观念也需要加强。在人工智能时代,信息的传播速度和范围都大大增加,虚假信息和谣言也更容易传播。因此,思政教育应该加强对学生的信息素养培养,教导他们辨别真假信息的能力,增强他

们的信息安全意识。最后,话语价值观念也需要重新审视。传统的思政教育强调社会主义核心价值观的培养,而在人工智能时代,社会价值观更加多元化和个性化。因此,思政教育应该尊重学生的个体差异,引导他们形成正确的道德观和价值观,培养他们的社会责任感和公民意识。

2.加强思政话语权的建设,高校思政课必须打破传统观点的束缚,进行教育理念变革。更新思政课理念是一个系统工程,需要教师、学生和社会共同努力,不断探索和实践,以适应人工智能时代发展的需要。其一,应树立平等互动的观点。传统的思政课往往以教师为中心,学生被动接受知识。要打破这种模式,必须建立师生之间的平等关系,鼓励学生积极参与课堂讨论,通过互动式教学激发学生的学习兴趣和思考能力。其二,要树立学习意识。培养学生的自主学习能力是关键。思政课不仅要传授知识,更要教会学生如何学习,如何思考,如何将所学知识与实际相结合。通过案例分析、角色扮演等教学方法,让学生在实践中学习,提高其解决问题的能力。其三,应培养创新思维。更新思政课观念还需要教师具备创新思维。思政课教师应不断探索新的教学方法和手段,如利用多媒体技术、网络资源等,使思政课内容更加生动、有趣,更能吸引学生的注意力。其四,涵养开放包容心态。思政课教师应具有开放性,尊重学生的多元观点,鼓励学生发表自己的看法,培养其批判性思维。同时,思政课教师也应具有包容性,接纳不同文化背景下的学生,促进文化交流与融合。

2.认同对方的话语权。传统思政话语往往过于严肃、刻板,缺乏趣味性和互动性,难以吸引学生的兴趣。传统思政话语由于更新速度慢,难以跟上社会发展的步伐的问题,导致内容与现实生活脱节。此外,传统思政话语通常采用单向传播方式,忽视学生的反馈和参与,不利于形成有效的师生互动。

因此,在人工智能时代,思政课应充分利用先进技术手段,改变传统的思政话语方式,更好地满足学生的成长需求。具体而言,应当从以下四个方面着力。其一是创新多元化话语内容。思政课教师运用人工智能技术,将思政课内容与当下社会热点、科技发展等相结合，使思政课更加贴近学生的生活实际，增强其认同感。同时，利用人工智能技术挖掘和分析学生关注的议题，将其融入课堂，使思政课更具针对性。其二是搭建平等化话语平台。利用人工智能技术建立在线交流平台，鼓励学生积极参与思政课讨论，表达自己的观点。思政教师应尊重学生的话语权，与学生进行平等交流，共同探讨问题，使思政课成为师生共同成长的场所。其三是创新化话语传播。思政教师可以运用人工智能技术如虚拟现实、增强现实等手段，使思政课内容以更加生动、形象的方式呈现，提高学生的学习兴趣。同时，通过大数据分析，了解学生的学习需求和习惯，为学生提供个性化的学习资源和指导。其四是开展互动化话语交流。思政教师借助人工智能技术实现课堂教学的人机对话，使学生在学习过程中能够获得及时反馈，提高学习效果。此外，利用智能问答系统、智能辅导等功能，帮助学生解决学习中的困惑和问题。

3.创新与融合思政话语内容。创新与融合思政话语内容主要包括以下几点：第一，思政话语内容创新既包括内涵主旨的创新，也包括外在形式的创新，只有不断创新才能使思政话语具有更强的吸引力和影响力。内涵主旨创新是指思政话语所传达的核心思想和价值观的创新。随着时代的变迁和社会的发展，人们的思想观念也在不断变化，因此，思政话语需要与时俱进，不断更新其内涵主旨，以适应新时代的需求。其次，外在形式创新是指思政话语在表达方式和传播途径上的创新。传统的思政教育主要通过课堂教学进行，但随着信息技术的发展，思政话语可以通过多种渠道和形式进行传播，如网络、社交媒体等。因此，思政话语需要不断创新其外在形式，以更好地吸引和影响受众。

第二，高校思政课教师应该深入了解大学生的思想情况和内心需求，关注他们的成长和发展，并建立一个与他们生活紧密相关、贴近实际的思政教育体系。具体来说可以从以下两个方面着手；其一，积极挖掘生活话语元素。可以关注学生在课堂内外的言行举止，倾听他们的讨论和观点。也可以积极参与学生的社团活动、实践项目等，与他们进行深入交流。还可以利用现代科技手段，如社交媒体、在线论坛等，了解学生的关注点和热点话题，并将其纳入思政话语体系。其二，要推动理论话语与生活话语的对接融合。通过分析大学生在社交媒体上的言论和行为，了解他们的思想动态和关切点，进而有针对性地推送相关的思政理论内容，提升其吸引力和针对性；利用人工智能的情感分析技术，对大学生的情绪状态进行实时监测和分析，及时调整思政教育内容和方式，使其更贴近学生的实际需求和心理状态。此外，可以利用自然语言处理和机器学习技术，构建智能问答系统或虚拟辅导员，为大学生提供个性化的思政教育和咨询服务，增强其参与度和学习效果。

第三，筛选和加工大学生思政教育的话语内容。在人工智能时代，信息呈指数级增长，提供了丰富多元的思政教育素材和话语内容。在大学生思政教育中，融入先进典型和感人事迹、社会名人观点和智慧言论，极大地拓展了教育内容。这样的教育方法能够有效发挥大学生思政话语主导权，促进学生自主学习和自我发展。高校思政课教师应充分利用人工智能技术挖掘大学生活碎片化的话语素材。例如，可以利用自然语言处理技术对大量的学生言论进行文本挖掘和情感分析，以了解学生的关注点、热点话题和情绪倾向。可以利用机器学习算法对学生的言论进行分类和聚类，将相似主题的内容归为一类，以便更好地和学生进行讨论。在与学生的互动交流过程中掌握话语内容、构建话语，可以进一步提高人工智能融入高校思政课传播的效果。

第五节 建立科学考评机制

高校思政课考评机制改革探索的相对滞后与高校思政课考评在教学中的“导航器”地位和作用严重背离。从一定意义上说,考评已经成为提升高校思政课实效性的“瓶颈”和关键要素。人工智能时代改革高校思政课考评机制具有重要意义。

一、高校思政课考评机制改革的基本原则

1. 科学性原则。科学性原则是高校思政课考评的重要原则之一。科学合理的评价应结合学科特点,采取科学的精神、合理的办法,而应摒弃主观的、片面的人为因素,这样才能做到客观公正地反映高校思政课的真实情况。坚持科学性原则,具体来说有三个方面:首先,应符合高校思政课的基本规律。高校思政课是一门综合性较强的课程,需要从多个方面对学生进行评价。因此,在制定考评标准和方法时,应充分考虑高校思政课的特点和要求,确保考评内容全面、科学、合理。其次,符合大学生的身心特点和接受能力。大学生正处于成长发育的关键时期,其身心特点和接受能力与中小学生有很大不同。因此,在制定考评标准和方法时,应充分考虑大学生的实际情况,避免过于简单或过于复杂的考评方式。最后,符合学校自身的历史沿袭和实际状况。每所学校都有自己的办学理念和文化传统,因此在制定考评标准和方法时,应充分考虑学校的实际情况和发展需求,确保考评方式与学校的办学特色相契合。只有坚持科学性这一原则,才能确保高校思政课的考评具有针对性和现实性。

2. 方向性原则。坚持方向性原则,即要始终以培养社会主义建设者和接班人为根本任务,以马克思主义为指导,紧密结合国家和民族的实际需求,

注重培养学生的思想政治素质、道德品质和文化素养。这要求高校思政课要坚持正确的政治方向，要弘扬主旋律，通过对大学生进行系统的马克思主义基本理论教育和思想道德法律教育，使其成长为社会主义的合格建设者和可靠接班人。具体而言，高校思政课要坚持如下的方向性原则：坚持解决思想问题与解决实际问题相结合；坚持教书与育人相结合；坚持教育与管理相结合；坚持教育与自我教育相结合；坚持继承优良传统与改进创新相结合。

3. 发展性原则。评价体系既是一个价值评估的工具，更是一个反馈激励的机制，构建评价标准的主要目的就是鉴定和诊断一定时期内高校思政课质量和成效，并提供一定的改进方向和措施，激励高校思政课更科学、高质量地发展。所以在建立高等学校高校思政课高质量发展的工作成效评估规范时，一定要重视标准和指标对高校思政课品质提高的促进作用，确保制定的评估规范不但可以科学合理、公平地评估高校思政课品质，同时可以合理、高效地推动高校思政课高质量发展的进程。目前，大多数高校对学生考评时，选拔性的思维占上风。考评的目的是淘汰落后，这与育人的目标相去甚远。实际上，高校思政课的考评方法应确立在发展性评价的理念之上，从学生全面发展的角度出发进行评价。

4. 全面性原则。高校思政课的考评方法应该系统多维，切忌片面化。坚持考评的全面性，遵循定性分析与量化分析有机地结合、保持过程评价与成果评定相互融合、保持高效合理与客观公允有机地结合、保持质量并重与动态反映有机地结合、保持工作考评与效益评判有机地结合的“五大原则”，研究制定内容全面、评价指标合理、方法科学的评价指标体系。

5. 因地制宜原则。要做到因校制宜实施评价，也就是说本科院校、高职高专学院等不同类别的院校，应当根据办学定位、办学目标、办学特点和培养模式等分层分类、合理定位，按照各自不同的定位实施高校思政课程考评评价。长沙理工大学秉承底色亮、实践强，有情怀、敢担当的人才培养特色，近年来，学校制定、发布有关制度文件 112 个，其中，学生思想政治与日常管理类24个、教学管理类56个、人事管理类21个、综合管理类11个，都坚持将人才培养特色融入其中。

二、高校思政课考评机制改革的主要路径

理论界对量化评估的认识提升，促使高校思政课评价向有序、稳定和可预测方向发展。然而，仅凭行为评判思想无法全面体现思政课价值，尤其是思维与行动间的不确定性难以用数字准确描述。因此，需从改革评价理念、考评成绩改革、重视考评内容设置、考评模式转变等方面进行高校思政课考评体系改革

1. 要重视考评理念的改革。重视思政课考评理念的改革，成为提升教育质量的关键所在。第一，确定评估对象类别是考评改革的基础。思政课面向的是多元化的学生群体，不同学生的接受能力和兴趣点存在差异。因此，应细分学生类型，如理论型、实践型等，以便制定更为个性化和精准的评估标准。

第二，评价目标分类是提高教学效果的核心。评价目标不应仅限于理论知识的掌握，更应涵盖学生的思想品德、社会责任感、批判性思维等方面。通过将评价目标进行分类，教师能够更加全面地了解学生的学习情况，并据此调整教学策略。最后，健全分类评价指标是实现有效评价的保障。评价指标应当多元化，既包括传统的笔试、作业成绩，也应加入课堂讨论、社会实践、志愿服务等多维度的评价方式。这样的分类指标体系能够鼓励学生在不同领域展现自我，促进其全面发展

第三，健全分类评价指标。评价指标是衡量评价目标达成程度的具体标准。为了更科学地反映思政课的教学效果，评价指标应该细化并分类。例如，可以设立理论学习指标、思想品德指标、社会实践指标等，每一类指标再根据具体教学内容和要求设定具体的评价点。通过这种方式，可以使评价更加精准，更能真实反映学生在不同方面的进步和成就。

思政课考评理念的改革是适应人工智能时代教育要求的必然选择。通

过明确评估对象类别、细化评价目标分类以及完善分类评价指标,可以有效提升思政课的教学效果,培养出更多具有良好思想道德素质和强烈社会责任感的人才,发展培养出更多符合时代要求的优秀人才。

2. 要坚持评价标准的价值取向。在人工智能时代,思政课程面临的教学环境和学生特点正在发生深刻变化。这一背景下,坚持评价标准的价值取向显得尤为重要。第一,政课程的评价体系需要实现目的价值与工具价值的统一。目的价值是指思政课本身所追求的培养学生的政治认同、道德修养和思想深度等目标;而工具价值则关注于如何借助人工智能等现代科技手段提高教学效率和效果。在人工智能时代,思政课程应运用科技手段优化教学内容和方法,同时不失其培养社会主义合格建设者和接班人的根本目的。第二,立德树人与知识传授的统一是思政课程评价体系的核心。立德树人是教育的根本任务,强调的是价值观的塑造和人格的培养;知识传授则侧重于理论知识和思想的灌输。在人工智能技术辅助下,思政课程不仅可以提高知识点传递的效率,还能通过数据分析等手段更好地关注学生的思想动态和道德实践,从而实现知识学习与价值引领的有机结合。第三,个人发展与社会需要的统一也是思政课程评价体系不可或缺的价值取向。人工智能时代要求人才具备创新意识和创新能力,这对个人素质提出了更高要求。因此,思政课程在评价过程中不仅要考虑学生的个人知识技能水平,还应关注其社会责任感、合作精神及解决实际问题的能力,以满足社会发展的需要。

在人工智能时代,思政课程的评价标准必须坚守正确的价值取向,平衡好科技应用与教育本质的关系,促进学生全面发展,同时满足社会对高素质人才的需求,为国家的长远发展奠定坚实的思想和道德基础。

3. 要强化考评成绩的改革。面对新时代教育的需求,高校思政课程考评体系亟须改革以全面评估学生的学习效果。为此,必须调整期末考试成绩、课堂表现成绩及实践活动考评成绩在总成绩中的分布比例,各占三分之一。期末考试主要关注学生运用理论解读社会现实问题的能力,分为客观题(占三分之一)和主观题(占三分之二)。平时成绩应扩大考评范围,不仅关注出勤率和上课态度,还要关注学生的课堂表现、课后作业、小组讨论、课外阅读等方面。这样的考评方案有助于全面评价学生的高校思政课程学习效果,提高学生的综合素质。

实践考评是高校思政课的重要组成部分,旨在培养学生的实际操作能力和分析解决问题的能力。在实践考评中,学生需要自主设计方案,进行社会调查,并根据所获信息进行理性分析和解答。教师应对学生的实践进行跟踪指导,结合学生在实践活动中的表现以及提交的实践报告或论文来综合衡量学生的实践成绩。为了实现多样化考评,可以按照“三结合、三为主”的要求进行。首先,理论知识成绩与社会实践成绩相结合,以社会实践成绩为主。这是因为社会实践能够让学生将理论知识应用于实际问题中,提高学生的综合素质。其次,平时成绩与期末成绩相结合,以平时成绩为主。这样可以督促学生在整个学期内保持学习的积极性和主动性。最后,书面成绩与其他方式考评成绩相结合,以书面成绩为主。书面成绩可以客观地反映学生的知识掌握程度和应用能力。

4.要重视考评模式的转变。要重视考评模式的转变,评价学生的高校思政课学习情况应该注重学生对知识和理论的内化度以及日常学习中的行为表现。教师应将更多注意力投入对学生的平时考评中,实施多种考评模式。

第一,定量考评与定性考评相结合能够更全面地反映学生的学习成果。定量考评侧重于通过分数、等级等数值形式来衡量学生对知识的掌握程度,便于进行客观比较和统计;而定性考评则关注学生的思想品德、课堂表现、讨论参与等方面,这些往往难以用数字准确评估。将二者结合,可以在保障评价的客观性的同时,更好地捕捉学生的个性化表现和内在思想变化。

第二,理论考评与实践考评的结合是培养应用型人才的必要条件。理论考评主要检验学生对思政课程中的基本概念、原理的理解和记忆,这是基础;实践考评则更侧重于学生将理论知识应用于实际问题解决的能力,如通过社会调查、志愿服务等方式。只有将理论与实践相结合,才能确保学生不仅学会知识,而且能将知识转化为解决现实问题的能力。

第三,线上考评与线下考评的结合是适应现代教育技术的发展趋势。随着互联网技术和人工智能的发展,线上考评逐渐成为可能,它可以通过视频问答、在线讨论、电子作业等形式实现,不仅方便快捷,而且不受时间和地点的限制。然而,线下考评依然有其不可替代的作用,如面对面的交流更能促进师生之间的情感联系,实体课堂的互动也更能激发学生的学习热情。

思政课考评模式的转变是教育发展的必然要求。通过定量与定性考评的结合、理论与实践考评的融合以及线上线下考评的交互使用,可以更科学、更合理地评价学生的学习效果,促进其全面发展,多元化的考评方式也将有助于激发学生的学习兴趣,培养其批判性思维和创新能力,从而更好地适应未来社会的发展需求。

参考文献

[1]马克思,恩格斯.马克思恩格斯选集(第1卷)[M].北京:人民出版社,2012.

[2]马克思,恩格斯.马克思恩格斯选集(第2卷)[M].北京:人民出版社,2012.

[3]习近平.习近平关于网络强国论述摘编[M].北京:中央文献出版社,2021.

[4]习近平.论党的宣传思想工作[M].北京:中央文献出版社,2020.

[5]张耀灿等.现代思想政治教育学[M].北京:人民出版社,2006.

[6]冯刚等.高校思想政治教育工作质量评价研究[M].北京:人民出版社,2020.

[7]刘建军.新时期思想政治工作创新研究[M].北京:中国人民大学出版社,2018.

[8]彭晓宽.大数据时代思想政治教育创新发展研究[M].长春:吉林出版社,2021.

[9]彭兰.网络传播概论[M].北京:中国人民大学出版社,2017.

[10]唐亚阳等.网络思想政治教育学[M].北京:人民出版社,2016.

[11]陈莉．新时代高校思政课改革与实践研究[M]．西安：西北大学出版社，2020.

[12]崔玉娟．新时期高校思想政治教育教学与反思研究[M]．长春：吉林大学出版社，2023.

[13]邓艳，张婕，楚锐杰，等．人工智能融入思想政治教育研究[M]．成都：西南财经大学出版社，2023.

[14]胡洪彬．人工智能时代的思想政治教育研究[M]．北京：人民出版社，2023.

[15]李仁涵．智能时代高等教育模式研究[M]．上海：上海大学出版社，2019.

[16]钱津．智能教育新时期中国高等教育改革探讨[M]．武汉：华中科技大学出版社，2021.

[17]王军旗，王海山．人工智能时代大学生思想政治教育供求精准对接研究[M]．北京：光明日报出版社，2023.

[18]王友建．人工智能视域下思想政治教育方法创新研究[M]．上海：上海交通大学出版社，2023.

[19]邢飞．高校思想政治教育教学改革与专业建设研究[M]．北京：北京工业大学出版社，2021.

[20]徐菁忆．人工智能时代提升思想政治理论课教学质量的研究[M]．天津：天津大学出版社，2021.

[21]赵慧．未来教育 教育改革的未来[M]．北京：人民日报出版社，2021.

[22]郑娅峰．人工智能视域下机器学习在教育研究中的应用[M]．北京：中

国经济出版社,2020.

[23]习近平.向2022年世界互联网大会乌镇峰会致贺信[N].人民日报,2022-11-10(001).

[24]华璐璐.人工智能促进教学变革研究[D].徐州:江苏师范大学,2018.

[25]毛航天.人工智能中智能概念的发展研究[D].上海:华东师范大学,2016.

[26]马宁.思想政治教育的科学人文方法融合研究[D].南宁:广西师范大学,2014.

[27]骆郁廷,李勇图.抖出正能量:抖音在大学生思想政治教育中的运用[J].思想理论教育,2019。

[28]骆郁廷.论网络思想政治教育的主体与客体[J].马克思主义与现实,2016.

[29]项久雨.论多重视角下的思想政治教育主客体关系[J].教学与研究,2014.

[30]项久雨.论主体性思想政治教育的四个维度[J].江汉论坛,2015.

[31]沈壮海,段立国.思想政治教育测评研究的回顾与展望[J].思想教育研究,2014.

[32]沈壮海,刘灿.论新时代思想政治教育的高质量发展[J].思想理论教育,2021.

[33]刘建军,邱安琪.论新时代思想政治教育的高质量发展[J].思想理论教育,2021.

[34]冯刚.论新时代高校思想政治工作守正创新[J].上海交通大学学报,2021.

[35]冯刚 .大数据应用于思想政治教育的局限与突破[J].重庆大学学报（社会科学版）,2021.

[36]余乃忠 .元宇宙际遇下人类对“自我”的再认识[J].中州学刊,2023.

[37]冯刚,陈倩 .解构与重构:元宇宙对网络思想政治教育的挑战及其应对[J].探索,2022.

[38]付安玲 .大数据时代思想政治教育评价的数字化变革[J].思想理论教育导刊,2019.

[39]闫坤如 .人工智能的哲学思想探源[J].理论探索,2020.

[40]徐国正,刘文成 .新时代大学生爱国主义教育:挑战、原则与路径[J].大学教育科学,2022

[41]解慧娟 .马克思主义科技观发展演进研究[D].兰州:兰州大学,2019.

[42]李合敏 .百家争鸣 洋为中用——论毛泽东技术革命观[J].常州工程职业技术学院高职研究,2013.

[43]武东生,郝博炜 .思想政治教育有效利用人工智能的分析[J].马克思主义理论学科研究,2019.

[44]高斯扬,史冬柏 .人工智能技术与高校思政课教学深度融合的路向与限度[J].教育评论,2022.

[45]杜静,黄荣怀,李政璇,周伟,田阳 .智能教育时代下人工智能伦理的内涵与建构原则[J].电化教育研究,2019.

图书在版编目（CIP）数据

人工智能融入高校思政课教学研究 / 刘文成著. --
湘潭 : 湘潭大学出版社，2024.3
ISBN 978-7-5687-1401-3

Ⅰ. ①人… Ⅱ. ①刘… Ⅲ. ①人工智能—应用—高等学校—思想政治教育—教学研究—中国 Ⅳ. ①G641-39

中国国家版本馆 CIP 数据核字（2024）第 051605 号

人工智能融入高校思政课教学研究

RENGONG ZHINENG RONGRU GAOXIAO SIZHENGKE JIAOXUE YANJIU

刘文成 著

责任编辑：刘文情
封面设计：张 波
出版发行：湘潭大学出版社
社 址：湖南省湘潭大学工程训练大楼
电 话：0731-58298960 0731-58298966（传真）
邮 编：411105
网 址：http://press.xtu.edu.cn/
印 刷：长沙印通印刷有限公司
经 销：湖南省新华书店
开 本：710 mm×1000 mm 1/16
印 张：9.75
字 数：200 千字
版 次：2024 年 3 月第 1 版
印 次：2024 年 3 月第 1 次印刷
书 号：ISBN 978-7-5687-1401-3
定 价：60.00 元